中国上市企业科技竞争力 TOP 300 分析报告

Analysis Report of the Top 300 Chinese Listed Companies in Technological Competitiveness

赵志耘　等　著

科学技术文献出版社
SCIENTIFIC AND TECHNICAL DOCUMENTATION PRESS
·北京·

图书在版编目（CIP）数据

中国上市企业科技竞争力TOP300分析报告=Analysis Report of the Top 300 Chinese Listed Companies in Technological Competitiveness / 赵志耘等著. —北京：科学技术文献出版社，2022.5

ISBN 978-7-5189-9140-2

Ⅰ.①中… Ⅱ.①赵… Ⅲ.①上市公司—技术革新—市场竞争—研究报告—中国 Ⅳ.① F279.246

中国版本图书馆 CIP 数据核字（2022）第 070826 号

中国上市企业科技竞争力TOP 300分析报告

策划编辑：周国臻　责任编辑：王　培　责任校对：王瑞瑞　责任出版：张志平

出　版　者	科学技术文献出版社	
地　　　址	北京市复兴路15号　邮编　100038	
编　务　部	（010）58882938，58882087（传真）	
发　行　部	（010）58882868，58882870（传真）	
邮　购　部	（010）58882873	
官 方 网 址	www.stdp.com.cn	
发　行　者	科学技术文献出版社发行　全国各地新华书店经销	
印　刷　者	北京虎彩文化传播有限公司	
版　　　次	2022 年 5 月第 1 版　2022 年 5 月第 1 次印刷	
开　　　本	710×1000　1/16	
字　　　数	191千	
印　　　张	12.75	
书　　　号	ISBN 978-7-5189-9140-2	
定　　　价	88.00元	

报告撰写人

赵志耘　崔　笛　张宇晨　郑　明　李　岩　高影繁
刘志辉　姚长青　浦　墨　李昶璇　牛贝贝

前　言

当今世界，一个国家的竞争力归根结底体现在其创新能力，这已经成为发达国家和新兴国家的共识。随着科技创新在经济社会发展中的支撑和引领作用日益增强，世界各国纷纷加大科技投入，竞相抢占科技制高点，全球创新竞争呈现新格局，"谁牵住了科技创新这个'牛鼻子'，谁走好了科技创新这步先手棋，谁就能占领先机、赢得优势"。党的十八大以来，以习近平同志为核心的党中央始终把科技创新摆在优先发展的战略地位和核心位置，对科技创新提出一系列新思想、新论断、新要求，也为增强国家竞争力指明了方向。

目前，我国科研经费投入位居全球第二，全社会研发经费支出从2013年的1.18万亿元增长到2020年的2.4万亿元，基础研究经费从2013年的555亿元增长到2020年的1504亿元。随着科研经费投入的提高，我国科技创新捷报频传，重大成果竞相涌现："天问一号"成功登陆火星、"嫦娥五号"完成月球采样任务，中国人已经昂首阔步迈进空间站时代，同时还产生了"墨子号"、500米口径球面射电望远镜（FAST）、超级计算机等多项处于世界领先水平的科技成果。尽管如此，我国仍然面临很多"卡脖子"的关键技术问题，特别是在芯片、高端发动机、新材料、数控机床、生物医药和医疗设备、工业软件等领域受国外制衡，一些关键零部件、关键装备严重依赖国外供应商，"卡脖子"攻坚战已迫在眉睫。

企业作为国家技术创新的主体，是解决"卡脖子"难题的重要载体。只有打牢科技创新型企业的根基，集中力量攻克"卡脖子"问题，才能健全产业链、供应链，使我国在激烈的国际竞争中掌握主动权。上市公司作为行业内的优质企业，是我国企业群体中的优秀代表和中坚力量，其创新投入及竞争力的变化基本能够反映出行业的总体情况。此外，相较于其他企业，上市企业运营管理更加规范，企业数据的披露更加真实、准确和完整，因此，本报告选取我国 A 股上市公司作为研究对象，遴选出其中最具竞争力的企业作为创新型企业的代表，通过分析其盈利能力、创新能力和竞争能力等各方面的表现，反映我国优质科技型企业的发展状况。本报告整体上分为 6 个章节：第 1 章为引言部分，主要介绍国内外科技创新背景、本报告的研究内容和研究方法，以及数据来源；第 2 章以遴选的科技竞争力最强的 300 家上市企业为样本，分析其行业分布、区域分布等总体情况；第 3 章主要从市值规模、盈利能力、研发投入、成长性和市场表现等维度对比"科技竞争力 TOP 300"与"沪深 300"之间的差异；第 4 章主要从市值规模、盈利能力、研发投入、成长性等维度对"科技竞争力 TOP 300"中企业较多的 4 个重点行业进行分析，以反映行业创新现状；第 5 章是从"科技竞争力 TOP 300"中挑选出代表性的重点企业，进一步深入分析其竞争力；第 6 章则是对本报告的概括总结。

本报告是中国科学技术信息研究所集体智慧的结晶：主要撰稿人为赵志耘、崔笛、张宇晨、郑明、李岩、高影繁、刘志辉、姚长青、浦墨、李昶璇、牛贝贝。中国人民大学商学院财务金融系孟庆斌教授对报告编制过程中的一些关键问题提出了宝贵的意见和建议，在此一并表示感谢。

当然，由于撰写时间仓促、团队水平有限，报告中难免出现疏漏甚至错误，希望广大读者和专家予以批评指正！

目　录

第1章　引　言 ·· 1

　1.1　研究背景 ·· 1

　　1.1.1　贸易战为科技发展带来机遇和挑战 ················· 1

　　1.1.2　科技创新支持力度增大，但中小企业发展依旧受限······· 5

　　1.1.3　发达国家科技创新推动经济发展的经验与启示·········· 6

　　1.1.4　小结 ·· 8

　1.2　研究内容 ·· 9

　1.3　研究方法 ·· 10

　　1.3.1　"科技竞争力 TOP 300"企业遴选方法 ················· 10

　　1.3.2　上市企业分析指标 ································· 13

　　1.3.3　企业技术竞争强度计算方法 ························· 14

　1.4　数据来源 ·· 16

第2章　"科技竞争力 TOP 300"企业概览 ························· 17

　2.1　"科技竞争力 TOP 300"上市企业行业分布 ··············· 17

　2.2　"科技竞争力 TOP 300"上市企业区域分布 ··············· 20

　2.3　"科技竞争力 TOP 300"核心企业分布 ··················· 22

　　2.3.1　"科技竞争力 TOP 300"核心企业按行业分布 ·········· 28

　　2.3.2　"科技竞争力 TOP 300"核心企业按区域分布 ·········· 29

第3章　"科技竞争力 TOP 300"与"沪深 300"成分股对比分析 ········ 32

　3.1　基本指标对比 ·· 32

　　3.1.1　行业分布对比 ····································· 32

　　3.1.2　区域分布对比 ····································· 36

3.2 市值规模对比 ·· 42

3.3 盈利能力对比 ·· 44

3.4 研发投入对比 ·· 49

3.5 成长性对比 ·· 51

3.6 市场表现对比 ·· 52

第 4 章 "科技竞争力 TOP 300"重点行业分析 ············ 55

4.1 计算机、通信和其他电子设备制造业 ············ 55

    4.1.1 市值规模分析 ·· 55

    4.1.2 盈利能力分析 ·· 60

    4.1.3 研发投入分析 ·· 67

    4.1.4 成长性分析 ·· 71

    4.1.5 竞争性分析 ·· 74

    4.1.6 创新力分析 ·· 77

    4.1.7 市场表现分析 ·· 80

4.2 软件和信息技术服务业 ································· 86

    4.2.1 市值规模分析 ·· 86

    4.2.2 盈利能力分析 ·· 88

    4.2.3 研发投入分析 ·· 92

    4.2.4 成长性分析 ·· 95

    4.2.5 竞争性分析 ·· 96

    4.2.6 创新力分析 ·· 98

    4.2.7 市场表现分析 ·· 99

4.3 专用设备制造业 ······································· 102

    4.3.1 市值规模分析 ··· 102

    4.3.2 盈利能力分析 ··· 104

    4.3.3 研发投入分析 ··· 107

    4.3.4 成长性分析 ··· 109

    4.3.5 竞争性分析 ··· 110

    4.3.6 创新力分析 ··· 111

    4.3.7 市场表现分析 ··· 112

4.4 电气机械和器材制造业 ································ 114

　　　　4.4.1　市值规模分析 ……………………………………114

　　　　4.4.2　盈利能力分析 ……………………………………116

　　　　4.4.3　研发投入分析 ……………………………………118

　　　　4.4.4　成长性分析 ………………………………………120

　　　　4.4.5　竞争性分析 ………………………………………121

　　　　4.4.6　创新力分析 ………………………………………122

　　　　4.4.7　市场表现分析 ……………………………………123

第5章　代表性企业对比分析 ………………………………………126

　5.1　计算机、通信和其他电子设备制造业——

　　　　"兴森科技"VS"深南电路" …………………………127

　　　　5.1.1　基本情况介绍 ……………………………………127

　　　　5.1.2　市值规模分析 ……………………………………129

　　　　5.1.3　盈利能力分析 ……………………………………133

　　　　5.1.4　研发投入分析 ……………………………………136

　　　　5.1.5　成长性分析 ………………………………………138

　　　　5.1.6　竞争性分析 ………………………………………140

　　　　5.1.7　创新力分析 ………………………………………140

　　　　5.1.8　市场表现分析 ……………………………………141

　　　　5.1.9　雷达图综合比较 …………………………………142

　5.2　软件和信息技术服务业——"东软集团"VS"恒生电子" ……144

　　　　5.2.1　基本情况介绍 ……………………………………144

　　　　5.2.2　市值规模分析 ……………………………………145

　　　　5.2.3　盈利能力分析 ……………………………………149

　　　　5.2.4　研发投入分析 ……………………………………152

　　　　5.2.5　成长性分析 ………………………………………154

　　　　5.2.6　竞争性分析 ………………………………………156

　　　　5.2.7　创新力分析 ………………………………………157

　　　　5.2.8　市场表现分析 ……………………………………158

　　　　5.2.9　雷达图综合比较 …………………………………159

　5.3　电气机械和器材制造业——"四方股份"VS"汇川技术" ……160

　　　　5.3.1　基本情况介绍 ……………………………………160

5.3.2 市值规模分析 ································· 162

5.3.3 盈利能力分析 ································· 166

5.3.4 研发投入分析 ································· 169

5.3.5 成长性分析 ·································· 171

5.3.6 竞争性分析 ·································· 173

5.3.7 创新力分析 ·································· 173

5.3.8 市场表现分析 ································· 174

5.3.9 雷达图综合比较 ······························ 175

第 6 章 结　论 ······································ 177

参考文献 ··· 181

图目录

图 1-1 纳斯达克各个高新技术板块市场表现··················7

图 2-1 2018—2020 年各行业大类"科技竞争力 TOP 300"上市企业
数量·······················18

图 2-2 2018—2020 年各省份"科技竞争力 TOP 300"上市企业数量······21

图 2-3 各行业"科技竞争力 TOP 300"核心上市企业数量分布情况······28

图 2-4 各省份"科技竞争力 TOP 300"核心上市企业数量分布情况······29

图 2-5 各城市"科技竞争力 TOP 300"核心上市企业数量分布情况······30

图 3-1 2018—2020 年各行业"沪深 300"上市企业数量·········33

图 3-2 2018—2020 年各省份"沪深 300"上市企业数量··········37

图 3-3 2018—2020 年"科技竞争力 TOP 300"与"沪深 300"
总市值中位数···················43

图 3-4 2018—2020 年"科技竞争力 TOP 300"与"沪深 300"自由
流通市值中位数·················43

图 3-5 2018—2020 年"科技竞争力 TOP 300"与"沪深 300"营业
收入中位数···················45

图 3-6 2018—2020 年"科技竞争力 TOP 300"与"沪深 300"营业
利润中位数···················46

图 3-7 2018—2020 年"科技竞争力 TOP 300"与"沪深 300"
净资产收益率中位数···············48

图 3-8 2018—2020 年"科技竞争力 TOP 300"与"沪深 300"
研发支出合计中位数···············49

图 3-9 2018—2020 年"科技竞争力 TOP 300"与"沪深 300"
研发支出总额占营业收入比例中位数········50

图 3-10 2018—2020 年"科技竞争力 TOP 300"与"沪深 300"
归属母公司股东的净利润(同比增长率)中位数·········52

图 3-11　2018—2020 年"科技竞争力 TOP 300"与"沪深 300"年化

　　　　　波动率中位数 ·· 53

图 3-12　2018—2020 年"科技竞争力 TOP 300"与"沪深 300"年化

　　　　　收益率中位数 ·· 54

图 4-1　2020 年计算机、通信和其他电子设备制造业"科技竞争力

　　　　TOP 300"核心上市企业总市值及行业中位数 ·············· 56

图 4-2　2020 年计算机、通信和其他电子设备制造业"科技竞争力

　　　　TOP 300"核心上市企业自由流通市值及行业中位数 ········ 58

图 4-3　2020 年计算机、通信和其他电子设备制造业"科技竞争力

　　　　TOP 300"核心上市企业营业收入及行业中位数 ············ 61

图 4-4　2020 年计算机、通信和其他电子设备制造业"科技竞争力

　　　　TOP 300"核心上市企业营业利润及行业中位数 ············ 63

图 4-5　2020 年计算机、通信和其他电子设备制造业"科技竞争力

　　　　TOP 300"核心上市企业净资产收益率及行业中位数 ········ 65

图 4-6　2020 年计算机、通信和其他电子设备制造业"科技竞争力

　　　　TOP 300"核心上市企业研发支出合计及行业中位数 ········ 67

图 4-7　2020 年计算机、通信和其他电子设备制造业"科技竞争力

　　　　TOP 300"核心上市企业研发支出总额占营业收入比例及行业

　　　　中位数 ··· 69

图 4-8　2020 年计算机、通信和其他电子设备制造业"科技竞争力

　　　　TOP 300"核心上市企业归属母公司股东的净利润

　　　　（同比增长率）及行业中位数 ··································· 72

图 4-9　2020 年计算机、通信和其他电子设备制造业"科技竞争力

　　　　TOP 300"核心上市企业技术竞争强度及行业中位数 ········ 75

图 4-10　2020 年计算机、通信和其他电子设备制造业"科技竞争力

　　　　　TOP 300"核心上市企业核心发明专利数量及行业中位数 ·· 78

图 4-11　2020 年计算机、通信和其他电子设备制造业"科技竞争力

　　　　　TOP 300"核心上市企业年化波动率及行业中位数 ········· 81

图 4-12　2020 年计算机、通信和其他电子设备制造业"科技竞争力

　　　　　TOP 300"核心上市企业年化收益率及行业中位数 ········· 84

图 4-13　2020 年软件和信息技术服务业"科技竞争力 TOP 300"

　　　　　核心上市企业总市值及行业中位数 ·························· 86

图 4-14   2020 年软件和信息技术服务业"科技竞争力 TOP 300"核心
          上市企业自由流通市值及行业中位数 ……………………………… 87
图 4-15   2020 年软件和信息技术服务业"科技竞争力 TOP 300"核心
          上市企业营业收入及行业中位数 ………………………………… 89
图 4-16   2020 年软件和信息技术服务业"科技竞争力 TOP 300"核心
          上市企业营业利润及行业中位数 ………………………………… 90
图 4-17   2020 年软件和信息技术服务业"科技竞争力 TOP 300"核心
          上市企业净资产收益率及行业中位数 …………………………… 91
图 4-18   2020 年软件和信息技术服务业"科技竞争力 TOP 300"核心
          上市企业研发支出合计及行业中位数 …………………………… 93
图 4-19   2020 年软件和信息技术服务业"科技竞争力 TOP 300"核心
          上市企业研发支出总额占营业收入比例及行业中位数 ………… 94
图 4-20   2020 年软件和信息技术服务业"科技竞争力 TOP 300"核心
          上市企业归属母公司股东的净利润（同比增长率）及行业
          中位数 ……………………………………………………………… 96
图 4-21   2020 年软件和信息技术服务业"科技竞争力 TOP 300"核心
          上市企业技术竞争强度及行业中位数 …………………………… 97
图 4-22   2020 年软件和信息技术服务业"科技竞争力 TOP 300"核心
          上市企业核心发明专利数量及行业中位数 ……………………… 98
图 4-23   2020 年软件和信息技术服务业"科技竞争力 TOP 300"核心
          上市企业年化波动率及行业中位数 …………………………… 100
图 4-24   2020 年软件和信息技术服务业"科技竞争力 TOP 300"核心
          上市企业年化收益率及行业中位数 …………………………… 101
图 4-25   2020 年专用设备制造业"科技竞争力 TOP 300"核心上市
          企业总市值及行业中位数 ……………………………………… 102
图 4-26   2020 年专用设备制造业"科技竞争力 TOP 300"核心上市
          企业自由流通市值及行业中位数 ……………………………… 103
图 4-27   2020 年专用设备制造业"科技竞争力 TOP 300"核心上市
          企业营业收入及行业中位数 …………………………………… 104
图 4-28   2020 年专用设备制造业"科技竞争力 TOP 300"核心上市
          企业营业利润及行业中位数 …………………………………… 105
图 4-29   2020 年专用设备制造业"科技竞争力 TOP 300"核心上市

　　　　　　企业净资产收益率及行业中位数 ················106

图 4-30　2020 年专用设备制造业"科技竞争力 TOP 300"核心上市
　　　　　　企业研发支出合计及行业中位数 ················107

图 4-31　2020 年专用设备制造业"科技竞争力 TOP 300"核心上市
　　　　　　企业研发支出总额占营业收入比例及行业中位数 ·············108

图 4-32　2020 年专用设备制造业"科技竞争力 TOP 300"核心上市
　　　　　　企业归属母公司股东的净利润（同比增长率）及行业中位数 ····109

图 4-33　2020 年专用设备制造业"科技竞争力 TOP 300"核心上市
　　　　　　企业技术竞争强度及行业中位数 ················110

图 4-34　2020 年专用设备制造业"科技竞争力 TOP 300"核心上市
　　　　　　企业核心发明专利数量及行业中位数 ·············111

图 4-35　2020 年专用设备制造业"科技竞争力 TOP 300"核心上市
　　　　　　企业年化波动率及行业中位数 ················112

图 4-36　2020 年专用设备制造业"科技竞争力 TOP 300"核心上市
　　　　　　企业年化收益率及行业中位数 ················113

图 4-37　2020 年电气机械和器材制造业"科技竞争力 TOP 300"
　　　　　　核心上市企业总市值及行业中位数 ·············114

图 4-38　2020 年电气机械和器材制造业"科技竞争力 TOP 300"
　　　　　　核心上市企业自由流通市值及行业中位数 ··········115

图 4-39　2020 年电气机械和器材制造业"科技竞争力 TOP 300"
　　　　　　核心上市企业营业收入及行业中位数 ············116

图 4-40　2020 年电气机械和器材制造业"科技竞争力 TOP 300"
　　　　　　核心上市企业营业利润及行业中位数 ············117

图 4-41　2020 年电气机械和器材制造业"科技竞争力 TOP 300"
　　　　　　核心上市企业净资产收益率及行业中位数 ··········118

图 4-42　2020 年电气机械和器材制造业"科技竞争力 TOP 300"
　　　　　　核心上市企业研发支出合计及行业中位数 ··········119

图 4-43　2020 年电气机械和器材制造业"科技竞争力 TOP 300"
　　　　　　核心上市企业研发支出总额占营业收入比例及行业中位数 ·······120

图 4-44　2020 年电气机械和器材制造业"科技竞争力 TOP 300"
　　　　　　核心上市企业归属母公司股东的净利润（同比增长率）
　　　　　　及行业中位数 ·······················121

图 4-45　2020 年电气机械和器材制造业"科技竞争力 TOP 300"
　　　　 核心上市企业技术竞争强度及行业中位数 ·················122

图 4-46　2020 年电气机械和器材制造业"科技竞争力 TOP 300"
　　　　 核心上市企业核心发明专利数量及行业中位数 ·················123

图 4-47　2020 年电气机械和器材制造业"科技竞争力 TOP 300"
　　　　 核心上市企业年化波动率及行业中位数 ·················124

图 4-48　2020 年电气机械和器材制造业"科技竞争力 TOP 300"
　　　　 核心上市企业年化收益率及行业中位数 ·················125

图 5-1　2020 年兴森科技与深南电路总市值 ·················129

图 5-2　2020 年兴森科技与深南电路自由流通市值 ·················130

图 5-3　2018—2020 年兴森科技与深南电路市值规模分析 ·················130

图 5-4　2020 年兴森科技与深南电路营业收入 ·················134

图 5-5　2020 年兴森科技与深南电路营业利润 ·················134

图 5-6　2018—2020 年兴森科技与深南电路盈利能力分析 ·················135

图 5-7　2020 年兴森科技与深南电路研发支出合计 ·················136

图 5-8　2020 年兴森科技与深南电路研发支出总额占营业收入比例 ·······136

图 5-9　2018—2020 年兴森科技与深南电路研发投入分析 ·················137

图 5-10　2020 年兴森科技与深南电路归属母公司股东的净利润
　　　　 （同比增长率） ·················138

图 5-11　2018—2020 年兴森科技与深南电路归属母公司股东的
　　　　 净利润（同比增长率） ·················139

图 5-12　2018—2020 年兴森科技与深南电路市场表现分析 ·················142

图 5-13　2020 年兴森科技与深南电路五维雷达图对比 ·················143

图 5-14　2020 年东软集团与恒生电子总市值 ·················146

图 5-15　2020 年东软集团与恒生电子自由流通市值 ·················146

图 5-16　2018—2020 年东软集团与恒生电子市值规模分析 ·················147

图 5-17　2020 年东软集团与恒生电子营业收入 ·················150

图 5-18　2020 年东软集团与恒生电子营业利润 ·················150

图 5-19　2018—2020 年东软集团与恒生电子盈利能力分析 ·················151

图 5-20　2020 年东软集团与恒生电子研发支出合计 ·················152

图 5-21　2020 年东软集团与恒生电子研发支出总额占营业收入比例 ·····153

图 5-22　2018—2020 年东软集团与恒生电子研发投入分析 ·················154

图 5-23   2020 年东软集团与恒生电子归属母公司股东的净利润
（同比增长率）···155
图 5-24   2018—2020 年东软集团与恒生电子归属母公司股东的
净利润（同比增长率）··156
图 5-25   2018—2020 年东软集团与恒生电子市场表现分析·····158
图 5-26   2020 年东软集团与恒生电子五维雷达图对比··········159
图 5-27   2020 年四方股份与汇川技术总市值····················162
图 5-28   2020 年四方股份与汇川技术自由流通市值············163
图 5-29   2018—2020 年四方股份与汇川技术市值规模分析·····163
图 5-30   2020 年四方股份与汇川技术营业收入·················167
图 5-31   2020 年四方股份与汇川技术营业利润·················167
图 5-32   2018—2020 年四方股份与汇川技术盈利能力分析·····168
图 5-33   2020 年四方股份与汇川技术研发支出合计············169
图 5-34   2020 年四方股份与汇川技术研发支出总额占营业收入比例······170
图 5-35   2018—2020 年四方股份与汇川技术研发投入分析·····170
图 5-36   2020 年四方股份与汇川技术归属母公司股东的净利润
（同比增长率）···172
图 5-37   2018—2020 年四方股份与汇川技术归属母公司股东的
净利润（同比增长率）··172
图 5-38   2018—2020 年四方股份与汇川技术市场表现分析·····175
图 5-39   2020 年四方股份与汇川技术五维雷达图对比··········176

表目录

表 1-1 美国对华科技创新企业的出口管制事件 ·························· 2

表 1-2 德国科技创新战略主要政策 ································· 8

表 1-3 派氏加权 ··································· 12

表 2-1 2018—2020 年各行业大类"科技竞争力 TOP 300"上市企业
数量 ··································· 19

表 2-2 2018—2020 年各省份"科技竞争力 TOP 300"上市企业数量 ······ 22

表 2-3 "科技竞争力 TOP 300"56 家核心上市企业分布 ··············· 23

表 2-4 各行业"科技竞争力 TOP 300"核心上市企业数量分布情况 ······· 28

表 2-5 各省份"科技竞争力 TOP 300"核心上市企业数量分布情况 ······· 30

表 2-6 各城市"科技竞争力 TOP 300"核心上市企业数量分布情况 ······· 31

表 3-1 2018—2020 年各行业"沪深 300"上市企业数量 ·············· 34

表 3-2 2018—2020 年各省份"沪深 300"上市企业数量 ·············· 38

表 3-3 各省份"科技竞争力 TOP 300"与"沪深 300"连续 3 年累计
出现次数与排名对比 ··································· 40

表 3-4 2018—2020 年"科技竞争力 TOP 300"与"沪深 300"总市值
中位数 ··································· 42

表 3-5 2018—2020 年"科技竞争力 TOP 300"与"沪深 300"自由
流通市值中位数 ··································· 44

表 3-6 2018—2020 年"科技竞争力 TOP 300"与"沪深 300"营业
收入中位数 ··································· 45

表 3-7 2018—2020 年"科技竞争力 TOP 300"与"沪深 300"营业
利润中位数 ··································· 46

表 3-8 2020 年营业成本及三费占营业收入比例的中位数 ················ 47

表 3-9   2018—2020 年 "科技竞争力 TOP 300" 与 "沪深 300"
          净资产收益率中位数 ······················· 49
表 3-10   2018—2020 年 "科技竞争力 TOP 300" 与 "沪深 300" 研发
          支出合计中位数 ························· 50
表 3-11   2018—2020 年 "科技竞争力 TOP 300" 与 "沪深 300" 研发
          支出总额占营业收入比例中位数 ················· 50
表 3-12   2018—2020 年 "科技竞争力 TOP 300" 与 "沪深 300" 归属
          母公司股东的净利润（同比增长率）中位数 ··········· 52
表 3-13   2018—2020 年 "科技竞争力 TOP 300" 与 "沪深 300" 年化
          波动率中位数 ·························· 53
表 3-14   2018—2020 年 "科技竞争力 TOP 300" 与 "沪深 300" 年化
          收益率中位数 ·························· 54
表 4-1   2020 年计算机、通信和其他电子设备制造业 "科技竞争力
          TOP 300" 核心上市企业总市值及排名 ············· 57
表 4-2   2020 年计算机、通信和其他电子设备制造业 "科技竞争力
          TOP 300" 核心上市企业自由流通市值及排名 ·········· 59
表 4-3   2020 年计算机、通信和其他电子设备制造业 "科技竞争力
          TOP 300" 核心上市企业营业收入及排名 ············ 62
表 4-4   2020 年计算机、通信和其他电子设备制造业 "科技竞争力
          TOP 300" 核心上市企业营业利润及排名 ············ 64
表 4-5   2020 年计算机、通信和其他电子设备制造业 "科技竞争力
          TOP 300" 核心上市企业净资产收益率及排名 ·········· 66
表 4-6   2020 年计算机、通信和其他电子设备制造业 "科技竞争力
          TOP 300" 核心上市企业研发支出合计及排名 ·········· 68
表 4-7   2020 年计算机、通信和其他电子设备制造业 "科技竞争力
          TOP 300" 核心上市企业研发支出总额占营业收入比例及排名 ····· 70
表 4-8   2020 年计算机、通信和其他电子设备制造业 "科技竞争力
          TOP 300" 核心上市企业归属母公司股东的净利润（同比
          增长率）及排名 ························· 73
表 4-9   2020 年计算机、通信和其他电子设备制造业 "科技竞争力
          TOP 300" 核心上市企业技术竞争强度及排名 ·········· 76

表 4–10 2020 年计算机、通信和其他电子设备制造业"科技竞争力
TOP 300"核心上市企业核心发明专利数量及排名 …………… 79

表 4–11 2020 年计算机、通信和其他电子设备制造业"科技竞争力
TOP 300"核心上市企业年化波动率及排名 ………………… 82

表 4–12 2020 年计算机、通信和其他电子设备制造业"科技竞争力
TOP 300"核心上市企业年化收益率及排名 ………………… 85

表 4–13 2020 年软件和信息技术服务业"科技竞争力 TOP 300"核心
上市企业总市值及排名 ……………………………………… 87

表 4–14 2020 年软件和信息技术服务业"科技竞争力 TOP 300"核心
上市企业自由流通市值及排名 ……………………………… 88

表 4–15 2020 年软件和信息技术服务业"科技竞争力 TOP 300"核心
上市企业营业收入及排名 …………………………………… 89

表 4–16 2020 年软件和信息技术服务业"科技竞争力 TOP 300"核心
上市企业营业利润及排名 …………………………………… 90

表 4–17 2020 年软件和信息技术服务业"科技竞争力 TOP 300"核心
上市企业净资产收益率及排名 ……………………………… 92

表 4–18 2020 年软件和信息技术服务业"科技竞争力 TOP 300"核心
上市企业研发支出合计及排名 ……………………………… 93

表 4–19 2020 年软件和信息技术服务业"科技竞争力 TOP 300"核心
上市企业研发支出总额占营业收入比例及排名 ………………… 94

表 4–20 2020 年软件和信息技术服务业"科技竞争力 TOP 300"核心
上市企业归属母公司股东的净利润（同比增长率）及排名 ……… 96

表 4–21 2020 年软件和信息技术服务业"科技竞争力 TOP 300"核心
上市企业技术竞争强度及排名 ……………………………… 97

表 4–22 2020 年软件和信息技术服务业"科技竞争力 TOP 300"核心
上市企业核心发明专利数量及排名 ………………………… 99

表 4–23 2020 年软件和信息技术服务业"科技竞争力 TOP 300"核心
上市企业年化波动率及排名 …………………………………100

表 4–24 2020 年软件和信息技术服务业"科技竞争力 TOP 300"核心
上市企业年化收益率及排名 …………………………………101

表 4–25 2020 年专用设备制造业"科技竞争力 TOP 300"核心上市
企业总市值及排名 …………………………………………103

表 4-26　2020 年专用设备制造业"科技竞争力 TOP 300"核心上市
　　　　企业自由流通市值及排名 ……………………………………… 103

表 4-27　2020 年专用设备制造业"科技竞争力 TOP 300"核心上市
　　　　企业营业收入及排名 ………………………………………… 104

表 4-28　2020 年专用设备制造业"科技竞争力 TOP 300"核心上市
　　　　企业营业利润及排名 ………………………………………… 105

表 4-29　2020 年专用设备制造业"科技竞争力 TOP 300"核心上市
　　　　企业净资产收益率及排名 …………………………………… 106

表 4-30　2020 年专用设备制造业"科技竞争力 TOP 300"核心上市
　　　　企业研发支出合计及排名 …………………………………… 108

表 4-31　2020 年专用设备制造业"科技竞争力 TOP 300"核心上市
　　　　企业研发支出总额占营业收入比例及排名 ………………… 109

表 4-32　2020 年专用设备制造业"科技竞争力 TOP 300"核心上市
　　　　企业归属母公司股东的净利润（同比增长率）及排名 ……… 110

表 4-33　2020 年专用设备制造业"科技竞争力 TOP 300"核心上市
　　　　企业技术竞争强度及排名 …………………………………… 111

表 4-34　2020 年专用设备制造业"科技竞争力 TOP 300"核心上市
　　　　企业核心发明专利数量及排名 ……………………………… 112

表 4-35　2020 年专用设备制造业"科技竞争力 TOP 300"核心上市
　　　　企业年化波动率及排名 ……………………………………… 113

表 4-36　2020 年专用设备制造业"科技竞争力 TOP 300"核心上市
　　　　企业年化收益率及排名 ……………………………………… 114

表 4-37　2020 年电气机械和器材制造业"科技竞争力 TOP 300"核心
　　　　上市企业总市值及排名 ……………………………………… 115

表 4-38　2020 年电气机械和器材制造业"科技竞争力 TOP 300"核心
　　　　上市企业自由流通市值及排名 ……………………………… 116

表 4-39　2020 年电气机械和器材制造业"科技竞争力 TOP 300"核心
　　　　上市企业营业收入及排名 …………………………………… 117

表 4-40　2020 年电气机械和器材制造业"科技竞争力 TOP 300"核心
　　　　上市企业营业利润及排名 …………………………………… 117

表 4-41　2020 年电气机械和器材制造业"科技竞争力 TOP 300"核心
　　　　上市企业净资产收益率及排名 ……………………………… 118

表 4-42　2020 年电气机械和器材制造业"科技竞争力 TOP 300"核心
　　　　 上市企业研发支出合计及排名 ……………………………… 119

表 4-43　2020 年电气机械和器材制造业"科技竞争力 TOP 300"核心
　　　　 上市企业研发支出总额占营业收入比例及排名 …………… 120

表 4-44　2020 年电气机械和器材制造业"科技竞争力 TOP 300"核心
　　　　 上市企业归属母公司股东的净利润（同比增长率）及排名 …… 121

表 4-45　2020 年电气机械和器材制造业"科技竞争力 TOP 300"核心
　　　　 上市企业技术竞争强度及排名 ……………………………… 122

表 4-46　2020 年电气机械和器材制造业"科技竞争力 TOP 300"核心
　　　　 上市企业核心发明专利数量及排名 ………………………… 123

表 4-47　2020 年电气机械和器材制造业"科技竞争力 TOP 300"核心
　　　　 上市企业年化波动率及排名 ………………………………… 124

表 4-48　2020 年电气机械和器材制造业"科技竞争力 TOP 300"核心
　　　　 上市企业年化收益率及排名 ………………………………… 125

表 5-1　各行业"科技竞争力 TOP 300"核心上市企业数量分布情况 …… 126

表 5-2　代表性企业对比分析样本 …………………………………… 127

表 5-3　兴森科技与深南电路基本情况介绍 ………………………… 128

表 5-4　2018—2020 年兴森科技与深南电路市值规模分析 ………… 131

表 5-5　2018—2020 年兴森科技与深南电路区间平均市盈率 ……… 131

表 5-6　兴森科技与深南电路流通股及重仓基金持股数量 ………… 132

表 5-7　兴森科技重仓基金 …………………………………………… 132

表 5-8　深南电路重仓基金 …………………………………………… 133

表 5-9　2018—2020 年兴森科技与深南电路盈利能力分析 ………… 135

表 5-10　兴森科技与深南电路研发支出合计 ……………………… 137

表 5-11　兴森科技与深南电路研发支出总额占营业收入比例 …… 138

表 5-12　2018—2020 年兴森科技与深南电路归属母公司股东的
　　　　 净利润（同比增长率）………………………………………… 139

表 5-13　2020 年兴森科技与深南电路技术竞争强度 ……………… 140

表 5-14　2020 年兴森科技与深南电路核心发明专利数量 ………… 141

表 5-15　2018—2020 年兴森科技与深南电路市场表现分析 ……… 142

表 5-16　2020 年兴森科技与深南电路五维数据对比 ……………… 143

表 5-17　东软集团与恒生电子基本情况介绍 ……………………… 144

表 5-18　2018—2020 年东软集团与恒生电子市值规模分析 ················147

表 5-19　2018—2020 年东软集团与恒生电子区间平均市盈率 ···········148

表 5-20　东软集团与恒生电子流通股及重仓基金持股数量 ···············148

表 5-21　东软集团重仓基金 ·······································149

表 5-22　恒生电子重仓基金 ·······································149

表 5-23　2018—2020 年东软集团与恒生电子盈利能力分析 ···········152

表 5-24　2018—2020 年东软集团与恒生电子研发支出合计 ···········154

表 5-25　2018—2020 年东软集团与恒生电子研发支出总额占营业
　　　　收入比例 ···154

表 5-26　2018—2020 年东软集团与恒生电子归属母公司股东的
　　　　净利润（同比增长率）···································156

表 5-27　2020 年东软集团与恒生电子技术竞争强度 ···············157

表 5-28　2020 年东软集团与恒生电子核心发明专利数量 ···········157

表 5-29　2018—2020 年东软集团与恒生电子市场表现分析 ·········158

表 5-30　2020 年东软集团与恒生电子五维数据对比 ···············160

表 5-31　四方股份与汇川技术基本情况介绍 ·······················161

表 5-32　2018—2020 年四方股份与汇川技术市值规模分析 ·········164

表 5-33　2018—2020 年四方股份与汇川技术区间平均市盈率 ·······164

表 5-34　四方股份与汇川技术流通股及重仓基金持股数量 ···········165

表 5-35　四方股份重仓基金 ·······································165

表 5-36　汇川技术重仓基金 ·······································165

表 5-37　2018—2020 年四方股份与汇川技术盈利能力分析 ·········168

表 5-38　2018—2020 年四方股份与汇川技术研发支出合计 ·········171

表 5-39　2018—2020 年四方股份与汇川技术研发支出总额占
　　　　营业收入比例 ···171

表 5-40　2018—2020 年四方股份与汇川技术归属母公司股东的
　　　　净利润（同比增长率）···································173

表 5-41　2020 年四方股份与汇川技术的技术竞争强度 ·············173

表 5-42　2020 年四方股份与汇川技术核心发明专利数量 ···········174

表 5-43　2018—2020 年四方股份与汇川技术市场表现分析 ·········175

表 5-44　2020 年四方股份与汇川技术五维数据对比 ···············176

第1章 引 言

1.1 研究背景

科技创新是经济发展和社会进步的驱动力，是提高我国综合竞争力的主要路径，也是我国成为科技强国的重要支撑。习近平总书记在党的十九大报告中曾特意强调了创新的重要性，指出："创新是引领发展的第一动力，是建设现代化经济体系的战略支撑。要瞄准世界科技前沿，强化基础研究，实现前瞻性基础研究、引领性原创成果重大突破。"当下，新一轮的科技革命正在全球范围内蓬勃兴起，我国正处在产业结构优化升级、供给侧改革即将完成的关键节点，科技创新的力量不可忽视。企业作为技术创新主体之一，是促进我国技术进步和增强自主创新能力的重要载体。

1.1.1 贸易战为科技发展带来机遇和挑战

2018 年起，美国单方面对我国挑起贸易战，矛头直指"中国制造 2025"计划，其中最具代表性的当属美国对中国高新技术企业中兴、华为进行定点打击，对中兴和华为的生产经营造成了一定的影响。从 2018 年 8 月至今，美国政府已陆续发布多项禁令，以针对我国与科技领域相关的产品进出口贸易。短期来看，美国的"科技战"会对我国特定行业的产业链产生冲击，对相关企业的科技创新进程形成阻力。如美国的集成电路产品在对硬件要求高的领域，如智能手机、笔记本电脑和平板电脑等消费电子领域占据绝对优势，性能稍差即将导致商业竞争力大大降低，不仅是华为，包括 OPPO、vivo、小米等中国整机厂商都对美国半导体元器件高度依赖，一旦美国停止供货，短期打击较大。长期来看，贸易战将会倒逼国内企业自主可控升级。就贸易战中遭受制裁的中兴、华为所在的电子、半导体行业而言，上游核心元件能否自主可控，是贸易话语权的关键，中国科技产业将加大对上游核心元件的研发，同时国家也会加大对半导体、高端射频芯片的投资，并致力于减免企业税负和优化营商环境。根据《半导体行业观察》的报道，2018年，中国半导体资本支出超过了欧洲和日本的总和，而在 8 年前的 2014 年，中国半导体投资还不到它们的 1/4 。此外，华为等设备商，一方面正在加强自己光芯片方面的布局；另一方面也在大力扶持国内的一些具备 5G 芯片生产能力的上市公司及创业公司。因此，总体而言美国发动的"科技战"会对我国的科技创新相关领域发展造成阻力，但也为我们敲响警钟，有望提升我国自主研发的进程，是我国科技创新摆脱对国外进口技术路径依赖的契机（表 1-1）。

表 1-1   美国对华科技创新企业的出口管制事件

时间	事件
2018 年 8 月 1 日	BIS 发布，以国家安全和外交利益为由，将 44 家中国企业（8 个实体机构、36 个附属机构）列入出口管制实体清单，其中包括多家电子、航空研究机构
2018 年 11 月 19 日	BIS 根据 2018 年国会通过的《出口管制改革法案》（*Export Control Reform Act*）要求，出台了一份针对最新的十四大类的关键技术和相关产品的出口管制框架，覆盖生物技术、AI、定位导航和定时、微处理器、先进计算等新兴技术领域
2019 年 5 月 15 日	美国总统特朗普签署行政命令，宣布进入国家紧急状态，允许美国禁止向被"外国对手"拥有或者掌控的公司提供电信设备和服务
2019 年 5 月 16 日	BIS 将华为及其非美国附属 68 家公司列入"实体清单"
2019 年 5 月 20 日	美国宣布对华为禁令推迟 90 天实施，8 月中旬生效
2019 年 5 月 22 日	BIS 在美国商务部网站宣布对 13 家中国企业及个人实施制裁，其中包括友祥科技、浙江兆晨科技等 10 家企业及 3 名个人
2020 年 1 月 3 日	发布一份新规，旨在限制人工智能软件的出口，于 1 月 6 日生效
2020 年 3 月 12 日	特朗普签署新法案：禁止用联邦资金购买华为设备
2020 年 3 月 16 日	将来自中国、伊朗、巴基斯坦、俄罗斯和阿联酋的 24 个机构和个人列入"实体清单"

续表

时间	事件
2020 年 4 月 23 日	BIS 颁布的最终法规（85 FR 23459）修订了《出口管理条例》，对美国出口商向中国出口管制商品许可证制度的涵盖范围从原有的"军事最终用途"扩大到了"军事最终用途"和"军事最终用户"；大幅增加了商品管制清单中的商品品种和类别；将"军事最终用途"的定义从 2007 年的规定扩展为包含支持或有助于操作、安装、维护、修理、大修、翻新、开发或生产军事物品的任何物品；该法规还将对包括中国境内的军事用户或"军事最终用户"的管制商品的出口、再出口和转移申请纳入"推定拒绝"的原则
2020 年 4 月 23 日	BIS 颁布的最终法规（85 FR 23470）取消了现有《出口管理条例》中关于"民用最终用户"的许可例外。现行的例外允许对某些管制商品在出口、再出口、转移至疑虑国家（含中国）境内的"民用最终用户"时无须许可证。然而根据新法规，BIS 将取消该例外，旨在限制疑虑国家利用民用供应链获取管制商品并在进口后将其转用于军事及情报用途的行为
2020 年 4 月 28 日	BIS 对美国《出口管制条例》做出重大修改。基于国家安全与外交政策利益，针对中国等 D:1 类国家取消了民用许可证豁免，并加强对中国、俄罗斯与委内瑞拉涉及军事最终用户和最终用途产品的出口管制
2020 年 5 月 14 日	美国参议员提案将对中国所有核心技术实行出口管制
2020 年 5 月 15 日	修订 EAR 中的外国直接产品规则，并将华为及其全球子公司列为"特殊实体"，升级管制力度
2020 年 5 月 23 日	宣布将 33 家中国企业和机构列入"实体清单"
2020 年 6 月 24 日	特朗普政府决定将华为、海康威视等 20 家中国顶尖企业列为中国军方"拥有或控制"的企业
2020 年 6 月 29 日	对中国香港实施出口管制：涉及机器人 AI 等高科技技术
2020 年 7 月 20 日	以"与新疆侵犯人权"有关为理由，宣布将 11 个中国实体列入"实体清单"
2020 年 8 月 17 日	收紧华为使用美国技术限制，将华为分布在全球各地的 38 家子公司列入"实体清单"
2020 年 9 月 15 日	美国正式公布芯片禁令，表明任何使用本国技术与设备的企业未经允许，禁止向华为出口芯片
2020 年 11 月 6 日	发布拟议计划，计划在 CCL 中增加 ECCN 20352，以管制核酸组装器和合成器操作软件
2020 年 11 月 12 日	特朗普签署行政令，禁止美国投资者向美国政府认定的 31 家"中国军工企业"购买证券

续表

时间	事件
2020 年 11 月 18 日	修订 EAR 中的某些规定，根据 ECRA 授权 BIS 扩大其出口管制执法权力的规定，修改 EAR 部分出口执法条款，主要内容包括：①许可申请前检查及授予许可后核实；②BIS 海外执法调查；③出口清关 OEE 授权及记录保存；④基于 ECRA 的违法行为认定及处罚
2020 年 12 月 17 日	美国能源部部长丹·布鲁耶特（Dan Brouillette）签署命令，禁止向美国关键国防设施（CDF）供电的电力公司从中国进口特定的电力系统产品，声称此举旨在保护美国安全免受网络等形式的攻击
2020 年 12 月 18 日	BIS 以"违反美国国家安全或外交利益"为名，宣布将 77 个实体加入"实体清单"，其中 60 个为中国企业、高校及个人，主要涉及军事武器技术、5G、超级计算、半导体、人工智能、核能、安防、无人机等战略技术领域
2020 年 12 月 21 日	在 EAR 中增加了一个新的"军事最终用户"（MEU）清单，其中包括 57 个中国实体
2021 年 1 月 14 日	美国国防部公布第五批涉军公司清单，包括 9 家中国企业
2021 年 4 月 8 日	美国商务部发布公告称，将 7 个中国超级计算机实体列入所谓"实体清单"
2021 年 6 月 3 日	拜登以"应对中国军工企业威胁"为由，签署了名为"应对为中华人民共和国某些公司提供资金支持的证券投资所产生的威胁"的行政令，将华为公司、中国航天科技集团有限公司等 59 家中国企业列入投资"黑名单"，禁止美国人与名单所列公司进行投资交易
2021 年 7 月 9 日	BIS 对 EAR 再次修改，修改后的出口管理法以"人权"等为理由，将 22 个中国大陆实体和 1 名中国大陆个人列入"实体清单"
2021 年 11 月 24 日	美国商务部宣布，12 家中国企业因不符合美国国家安全利益或外交政策，被列入"实体清单"
2021 年 12 月 16 日	美国财政部宣布，将"实体清单"中的中国企业再度扩大到 34 家，除此之外，美国商务部还将中国人民解放军军事医学科学院（AMMS）及其 11 个研究所列入"实体清单"

注：美国商务部工业和安全局，简称美国工业安全局，英文为 Bureau of Industry and Security，缩写为 BIS。

1.1.2 科技创新支持力度增大，但中小企业发展依旧受限

改革开放 40 多年来，我国科技领域取得了巨大发展，但我国走的并不是完全自主创新道路，而是在经济全球化背景下，在工业化进程中引进和模仿发达国家的科技成果，移植发达国家的成熟产业，利用发展中国家的后发优势，使我国在短时间内实现了科技和经济的跨越式发展。一方面，随着我国技术进步和科技创新能力的提高，在一些技术领域已经达到了世界领先水平，整体上也在逐渐缩小与发达国家之间的差距；另一方面，由于我国长期依靠引入、模仿国际成熟的科学技术，对自主创新能力的培养不够重视，导致在某些领域对发达国家具有较强的依赖性，在一些关键核心技术领域自主创新能力不足，后发优势逐渐转变为后发劣势。长期的对外技术依赖必然导致核心技术缺乏，从而难以有效参与国际竞争。如我国汽车厂商的发动机绝大多数需要进口，部分关键核心技术尚未形成自主研发能力；高端芯片和计算机软件绝大多数从国外引进。

近年来，我国在基础研究、前沿技术研究、关键技术国产化等公共科技活动当中，财政支持力度逐渐加大，其中特别是对国家科技重大专项、国家重点研发计划、科技创新 2030 等关键核心技术。同时，我国强化战略科技力量建设的稳定支持，强化相关科研基地建设的支持，帮助科研基地提高科研水平和能力，进一步加大对科技创新工程的支持力度，突出对关键技术领域的研究支持。在加大投入的同时，为推动企业自主创新，相关税收政策也在不断优化。例如：经过认定的高新技术企业可以享受 15% 的税收优惠，企业若发生国家认定条件下的研发费用，可以在税前按照 75% 的比例加计抵扣；在增值税方面，技术转让可以享受免税优惠；在一些包括高校在内的公益性质的科研机构中，对科研人员的激励政策，如所得税减半、现金奖励等；投资企业和天使投资进行税收试点改革，符合条件的按照投资额的 70% 抵扣。但是，当下大部分政策仍然是以对重大项目和大型企业的支持为主，且更倾向于事后补助。尤其在经济"脱实向虚"、金融投资吸附资金能力明显增强的大背景下，资金大多流向金融体系和有担保能力的大企业，中小企业的融资约束仍然存在。

1.1.3 发达国家科技创新推动经济发展的经验与启示

美国拥有世界上最为发达的资本市场，无论是上市公司数量还是市值规模，都高居全球第一。美国资本市场体系庞大、功能完备、层次多样，既有统一、集中的全国性市场，又有区域性、地方的小型交易市场，使得不同规模、不同需求的企业都可以有效利用资本市场进行直接融资，获得发展机会。美国的资本市场在推动科技创新技术研发方面起到了举足轻重的作用。由于科技创新类企业大多属于刚刚成立、轻资产、高风险、高成长的公司，在此情景之下，风险投资对于支持美国技术创新与进步起到了关键作用。美国上百家银行都成立了风险投资公司，政府也成立了相应的风险投资公司，联邦和州政府在法律和政策上给予风险投资较高的支持。在科学技术与资本市场都相当发达的美国，90% 以上的高科技企业是按照风险投资模式发展起来的，这些企业已经成为 20 世纪 90 年代美国经济增长的动力源泉。以这些企业为核心的高新技术产业的快速发展对美国经济做出了突出贡献。然而，风险投资仅能为科技创新企业提供最初的发展资金，一旦企业进入成熟期，风险投资就很少再增加投资了。为适应高新技术发展的需要，纳斯达克（Nasdaq）市场于 1971 年应运而生，旨在接力风险投资助力科技创新企业持续发展。纳斯达克的出现，对扶持高新技术产业、鼓励风险投资起到了重要作用。作为全球第一家电子化的证券自动报价市场，纳斯达克使已经相对成熟的风险型高科技企业走向证券市场，使风险资本能顺利退出风险型企业，实现投资收益，继续流动投资。美国最具成长性的公司中有 90% 以上在该市场上市。纳斯达克主要由发展最快的先进技术、电信和生物公司组成，包括微软、英特尔、美国在线、雅虎等这些家喻户晓的高科技公司，因而成为美国"新经济"的代名词（图 1-1）。

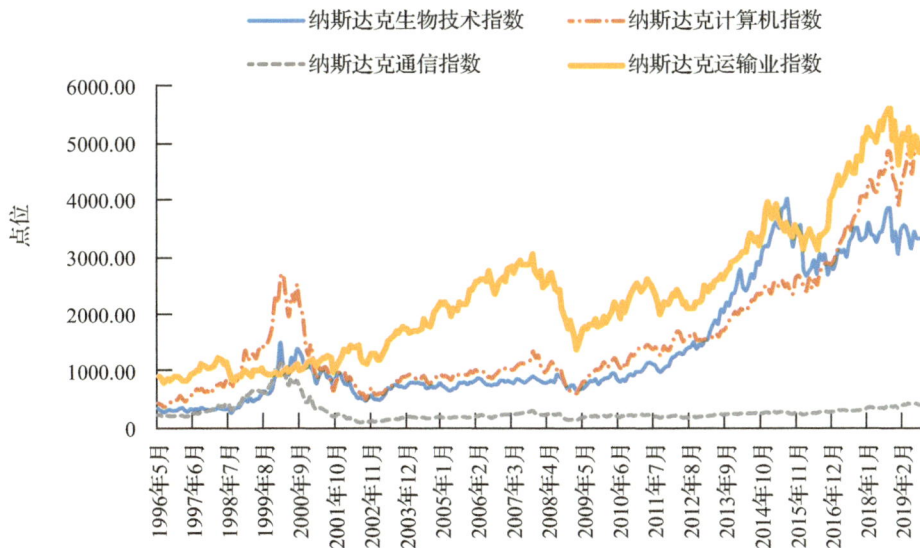

图 1-1　纳斯达克各个高新技术板块市场表现

资料来源：Wind 数据库。

与此同时，德国在 1990 年两德统一后，已经逐步形成政府主导基础研究、企业主导应用技术研究的分工体系。德国政府高度重视战略规划对科技创新的引领作用，通过制定连续的战略和规划，合理的政策设计和制度安排，以及切实有效的各类行动举措，创新驱动国民经济及社会发展的成效十分显著。为保障战略规划的有效实施，20 世纪 80 年代以来，德国政府就先后出台一系列法规以不断强化战略规划的宏观引领作用。与此同时，德国不断改革与发展其研究与创新体系，形成分工明确、统筹互补、高效运作的多层次的科研与创新系统，为德国各个科技创新主体提供优质的成长、发展环境。除了政策环境的保障，在过去 20 年间，德国逐年大幅增加研发投入总量，其中企业部门占据了研发支出的主导地位，约占总研发投入的 70% 左右。可见，德国的科研创新主要由政府在大力推动，但运作的主体是企业本身。研发投入的提高为科研水平的发展、科研成果的转化提供了有力支持，也有利于在重要技术领域进行持续探索。在德国，80% 的大型企业集团拥有独立研发机构，而中小企业也是德国创新的隐形冠军。德国联邦外贸与投资署的数据显示，2013 年德国约有 360 万家中小企业，占全部企业数的 99.7%，提供德国 79.6% 的就业岗位，每年为经济发展创造价值占比为51.3%，已成为支撑德国经济的重要支柱（表 1-2）。

表 1-2   德国科技创新战略主要政策

年份	法案	意义
1982	"促进创建新技术企业计划"	首次将建立高技术公司作为国家发展的重要战略
1996	《德国科研重组指导方案》	明确实施科研改革
1998	《INFO 2000: 通往信息社会的德国之路》	明确推动德国信息产业发展
2002	《高校框架法第 5 修正法》草案	要求在大学建立青年教授计划
2004	《研究与创新协议》	规定大型研究协会研究经费每年增幅至少 3%
2006	《科技人员定期聘任合同法》	延长科研人员聘任期限
2006	《德国高科技战略》	加大德国 17 个创新领域的投入
2012	《高科技战略行动计划》	未来 3 年投资 84 亿欧元，推动《德国 2020 高科技战略》框架下的 10 个项目
2012	《科学自由法》	给予非大学研究机构在财务、人事决策、投资、建设管理等方面更多自由
2013	《联邦政府航空战略》	推动德国航空工业创新以确保其全球竞争力
2013	《德国工业 4.0 战略计划实施建议》	支持德国工业领域新一代革命性技术的研发创新
2014	《新高技术战略——创新德国》	将创新范畴扩大到技术创新与社会创新两个维度

资料来源：《科技强国》杂志 [1]。

1.1.4   小结

科技创新从根本上决定着一个国家的综合实力和国际竞争力。从发达国家科技创新推动经济发展的经验来看，中小型科技企业在推动高科技产业发展中起到了不可替代的作用。而这其中，政府的主导作用不可或缺。除了在政策和法律层面对科技型企业发展给予持续支持，如突出以企业为核心的创新主体地位，加大以企业为核心的科技投入，完善税收优惠政策等，让企业的创新活力得以充分激发，更是积极发挥金融市场对科技类企业，尤其是科技型中小企业的支持作用，使得企业不断发展壮大，逐步成长为国家经济发展的重要支撑力量。

当下，我国经济已由高速增长阶段转向高质量发展阶段，以科技创新为核心的企业更是我国提升国际竞争力和可持续发展能力的重要仰仗。随着全球底层技术创新所处的生命周期阶段的变化，创新驱动的全球政策环境为科技类企业带来了更多的发展机会。然而，我国仍有很多企业还未摆脱对国外先进技术的路径依赖，制约了我国科技企业的发展，不利于企业做大做强。因此，持续加大对科技型企业，尤其是中小型科技企业的扶持，才能更好地保证科技产业的持续良好发展，这不仅需要政府加强科技投入，更需要借助金融市场的力量来保障中小型科技企业在不同成长阶段的稳步发展壮大。

科技创新项目得以实施需要持续的资金供给，而科技型企业作为一类特殊群体，本身具有高风险、高投入、回收周期长等特点，相比于短期投资和诸多避险资产，科技型企业对资金的吸附能力相对较低，难以获得金融市场上的资金支持，这也使得科技型企业，尤其是中小型科技企业的技术研发难以持续推进。换言之，对于科技型企业而言，持续的研发产出和健康发展更需要稳定、有效的金融环境支持，这也需要我们对科技型企业在金融市场的表现有更清晰的认识。

1.2 研究内容

为客观反映国内科技型企业在金融市场的实际表现，本报告选取千人专利申请量、发明专利授权数量、核心专利数量等能够衡量上市企业科技竞争能力的变量，按照 A 股市场通用的交易性成分指数拟合方式，制定了中国上市企业科技竞争力计算方法，并以此为依据对我国 A 股上市公司的科技竞争力水平进行排序，选出前 300 家企业，构造"科技竞争力 TOP 300"成分股，并与"沪深 300"成分股进行对比分析。沪深 300 指数是从沪深两市中挑选出最具代表性的 300 家公司共同组成的指数，样本股代表性强、稳定性高，可以极好地反应 A 股市场的整体走势。通过两种成分股集合的对比，可洞察我国科技型上市企业在金融市场中表现的主要特点，深入剖析科技型上市企业在现有金融环境中的生存状态，有助于对未来的政策制定提供参考方向，有针对性地培育有利于科技型企业发展的市场环境，助力科技型企业持续健康发展。

本报告的研究内容包括以下 3 个部分。

（1）科技竞争力代表性上市企业基本统计

主要以 2018—2020 年遴选出的最具代表性的 300 家科技型上市企业为主要分析对象，通过对其行业分布、区域分布进行描述性统计，进一步筛选出连续 3 年进入"科技竞争力 TOP 300"的前 100 家科技型上市企业作为核心企业，对其所属行业和区域分布情况进行分析和展示。

（2）"科技竞争力 TOP 300"成分股与"沪深 300"成分股对比分析

主要以 2018—2020 年遴选出的 300 家科技竞争力代表性上市企业为主要分析对象，拟围绕市值规模、盈利能力、研发投入、成长性和市场表现等多个角度，将其与 A 股上市公司中业绩与成长性良好的上市企业——"沪深 300"成分股进行对比分析。其中，市值规模主要以"总市值"和"自由流通市值"两个指标来表征；盈利能力主要以"营业收入"、"营业利润"和"净资产收益率（ROE）"3 个指标来表征；研发投入主要以"研发支出合计"和"研发支出总额占营业收入比例"两个指标来表征；成长性主要以"归属母公司股东的净利润（同比增长率）"指标来表征；市场表现则以通用的"年化收益率"和"年化波动率"两个指标来表征。

（3）核心科技型上市企业分析

本研究主要以连续 3 年进入"科技竞争力 TOP 300"的前 100 家科技型上市企业为代表，拟围绕市值规模、盈利能力、研发投入、成长性、竞争性、创新力和市场表现等多个角度，根据其所属的证监会行业进行分类，将上述核心科技型上市企业与其所属行业平均水平进行对比，以反映我国核心科技型上市企业在同行业竞争中所处的位置。其中，市值规模、盈利能力、研发投入、成长性和市场表现相关指标与第二部分相同。"竞争性"主要以"技术竞争强度"来表征，"创新力"则以"核心发明专利数量"来表征。

1.3 研究方法

1.3.1 "科技竞争力 TOP 300"企业遴选方法

1.3.1.1 "科技竞争力 TOP 300"成分股筛选

（1）关键性指标

筛选"科技竞争力 TOP 300"成分股，需要依据能代表企业科技创新能力的指标。通过德尔菲法、层次分析法等方法对指标进行选择后，初次选定企业研发投入占企业销售收入的比重、企业的千人专利申请量、企业专利占企业资产规模的比重、企业是否连续 5 年进行研发投入、企业的高学历员工数量占比、企业的发明专利数占比、企业的核心发明专利占总发明专利的比重等 7 个指标，作为遴选成分股指标。在指标评估过程中，发现有些指标存在数据缺失值严重、拟合计算后成分股变动过大、指标筛选结果难以解释等问题，于是放弃问题指标，经专家讨论后，最终确定近 3 年平均新增发明专利、研发人员占比、研发支出占比等 3 个指标作为"科技竞争力 TOP 300"成分股筛选指标。

（2）选样方法

按照近 3 年"平均新增发明专利＞研发人员占比＞研发支出占比"的优先级标准，以上述选定的 3 个关键性指标对 A 股上市企业进行排序，选择排名靠前的 300 只股票，构建"科技竞争力 TOP 300"成分股。同时，为提高"科技竞争力 TOP 300"成分股临时调整的可预期性和透明性，设置备选名单，用于成分股的临时调整。当"科技竞争力 TOP 300"因为成分股退市、兼并等原因出现样本空缺或其他原因需要临时更换时，依次选择备选名单中排序最靠前的股票作为成分股。

由于金融市场瞬息万变，"科技竞争力 TOP 300"成分股也需要定期调整。"科技竞争力 TOP 300"的企业数据来源于企业年报，根据年报性质，将科技指数成分股的定期调整周期设定为一年。

1.3.1.2 "科技竞争力 TOP 300"的计算与修正

（1）"科技竞争力 TOP 300"的计算

为实现与"沪深 300"等 A 股市场交易性成分指数进行比较，本报告中的"科技竞争力 TOP 300"的计算按照 A 股市场通用的交易性成分指数拟合方式进行计算，计算公式为：

$$报告期指数 = \frac{报告期成分股的调整市值}{除数} \times 基期指数 \tag{1-1}$$

公式中的基期指数可以自主选择。由于上证指数或深证指数一般选取 1000 点作为基期指数，为了保证"科技竞争力 TOP 300"和"沪深 300"之间的可比性，"科技竞争力 TOP 300"同样使用 1000 点作为基期指数。

基期的除数一般就是基期的成分股的调整市值。如果在报告期内发生非交易因素导致的成分股调整市值（如配股、定向增发等）的变化，则需要对除数进行修正。如果是交易因素（如股价的涨跌）导致的调整市值的变化，则不能对除数进行修正。

报告期成分股的调整市值为：

$$报告期成分股的调整市值 = \sum_{j=1}^{N} 成分 j 的股份 \times 成分股 j 的调整股本数。$$

（1-2）

其中，N 为成分股总数量，j 表示第 j 只成分股。调整股本数的计算采用派氏加权法（也称分级靠档法），即根据流通股所占总股本的比例（流通股比例）赋予总股本一定的加权比例，以确保计算指数的股本保持相对稳定，具体如下：

成分股 j 的调整股本数 = 成分股 j 的总股本 $\times$ 加权比例，

（1-3）

成分股 j 的流通股比例 = 成分股 j 的流通股本 / 成分股 j 的总股本。

（1-4）

加权比例按照表 1-3 确定。

表 1-3　派氏加权

流通股比例 /%	≤ 15	（15，20]	（20，30]	（30，40]	（40，50]	（50，60]	（60，70]	（70，80]	> 80
加权比例 /%	上调至最接近的整数值	20	30	40	50	60	70	80	100

（2）"科技竞争力 TOP 300"的修正

按照 A 股市场通用的交易性成分指数拟合方式，为保证"科技竞争力 TOP 300"指数的连续性，当成分股名单、股本结构发生变化，或市值出现非交易因素的变动时，股票指数根据成分股维护规则，采用"除数修正法"修正原除数。

除数修正公式为：

$$\frac{修正前的调整市值}{原除数} = \frac{修正后的调整市值}{新除数}。 \tag{1-5}$$

其中，修正后的调整市值 = 修正前的调整市值 + 新增（减）调整市值。

当出现以下的情况时，需要进行修正。

①样本公司发生可能影响股票价格变动的事件时。

除息：凡有成分股除息（分红、派息）时，指数不予修正，任其自然回落。

除权：凡有成分股送股、配股、拆股或缩股时，在成分股的除权基准日前修正指数，按照新的股本与价格计算成分股调整市值。计算公式如下：

$$修正后的调整市值 = 除权报价 \times 除权后的调整股本数 +$$
$$修正前的调整市值（不含除权股票）。 \tag{1-6}$$

②样本公司发生引起股本变动的其他事件时。

当成分股股本发生由其他公司事件（增发、债转股、期权行权）引起的总股本变动累计达到或超过 5% 时，对其进行临时调整，在成分股的股本变动日前修正指数。计算公式如下：

$$修正后的调整市值 = 收盘价 \times 变动后的调整股本数。 \tag{1-7}$$

当成分股股本发生由其他公司事件引起的总股本变动累计不及 5% 时，对其进行定期调整，在定期调整生效日前修正指数。

③成分股调整。

当指数成分股定期调整或临时调整生效时，在调整生效日前修正指数。

1.3.2 上市企业分析指标

（1）市值规模

在市值规模指标方面，本报告拟采用"总市值"和"自由流通市值"两个指标来表征。其中，"总市值"指在某特定时间内总股本数乘以当时股价得出的股票总价值。"自由流通市值"指从无限售条件股市值中，剔除持有比例超过 5% 的三类股东及其一致行动人所持有的股票市值后所得出的市值，通常能反映一只股票真实的流通规模。

（2）盈利能力

在盈利能力指标方面，本报告拟采用"营业收入"、"营业利润"和"净资产收益率（ROE）"3 个指标来表征。"营业收入"（Operating Revenue）是从事主营业务或其他业务所取得的收入；"营业利润"指企业在其全部销售业务中实现的利润;"净资产收益率"(Return on Equity,ROE)是净利润与平均股东权益的百分比,是公司税后利润除以净资产得到的百分比率,该指标反映股东权益的收益水平,用以衡量公司运用自有资本的效率。指标值越高,说明投资带来的收益越高。该指标体现了自有资本获得净收益的能力。

(3)研发投入

在研发投入指标方面,本报告拟采用"研发支出合计"和"研发支出总额占营业收入比例"两个指标来表征。其中,"研发支出合计"表征研发投入的规模,"研发支出总额占营业收入比例"表征研发投入的强度。

(4)成长性

在成长性指标方面,本报告拟采用"归属母公司股东的净利润(同比增长率)"来表征。"归属母公司股东的净利润"是扣除内部交易后的母公司净利润与子公司盈利中属于母公司的数额之和,而"归属母公司股东的净利润(同比增长率)"则通常用来表征企业的成长性。当"归属母公司股东的净利润(同比增长率)"大于 10% 时,表明企业在快速成长;当小于 0 时,则表明企业可能处于收缩或者衰退中。

(5)市场表现

在市场表现指标方面,本报告拟采用"年化收益率"和"年化波动率"两个指标来表征。关于上市企业收益率的计算方法有多种,本报告采用"对数收益率"的算法,即收益率 =ln(当日收盘价 / 前一日收盘价),与之相对应的,年化收益率 =(1+ 年平均日收益率)^{250} — 1。"波动率"一般采用收益率的标准差来表征,"年化波动率"= 日收益率标准差 $\times 250^{0.5}$。

1.3.3 企业技术竞争强度计算方法

1.3.3.1 数据来源

在竞争性指标方面,本报告拟采用"技术竞争强度"指标来表征。技术竞争强度的计算主要利用中国科学技术信息研究所建设的中国上市企业专利题录信息数据库数据,包括标题、摘要、权利要求、专利权人、IPC 分类等文本字段。

1.3.3.2 大规模专利文本的相似性计算

(1)基于 TextRank 及 TF-IDF 的专利特征词抽取

TextRank 算法是一种用于文本的基于图的排序算法。其基本思想来源于谷歌的 PageRank 算法，通过把文本分割成若干组成单元（单词、句子）并建立图模型，利用投票机制对文本中的重要成分进行排序，仅利用单篇文档本身的信息即可实现关键词提取、文摘。

TF–IDF 是一种统计方法，用以评估字词对于一个文件集或一个语料库中的其中一份文件的重要程度。字词的重要性随着它在文件中出现的次数成正比增加，但同时会随着它在语料库中出现的频率成反比下降。TF 是词频，IDF 是逆文本频率指数。

专利的特征词抽取首先借助机器学习的分词手段，将专利的标题、摘要、权利要求所得到的文本转化成词序列。对于每一篇由专利转化成的词序列，根据 TextRank 算法求出每个词的权重。对于整个专利库的词序列，可求出每个词的 TF–IDF 权重。最终，每条专利中词的权重为该词在句子中的 TextRank 值乘以该词的 TF–IDF 值。

（2）基于 Word2vec 的专利特征向量表示

Word2vec 是深度学习中用来将词表征成向量的相关模型。Word2vec 在给定语料充分的情况下，通过优化后的神经网络模型快速有效地将一个词语映射到固定维度的向量空间，同时使映射之后的向量保留原本的语义。专利特征向量基于专利特征词抽取后的结果，将特征词都映射为 100 维的向量。根据专利中每个专利特征词的权重，将特征词的向量与权重相乘之后求加和，作为该篇专利的特征向量。专利在经过以上处理后被表示为 100 维的向量，可以使用相似度来计算两条专利之间的相似性。

（3）基于 IPC 重合的相似性过滤策略

将任意一条专利与全库中的其他专利一一进行相似度计算，不仅耗时较长，物理存储空间也极为浪费。为了避免这种情况，使用相似性重合的策略来进行过滤，减少比较的次数。IPC 分类是目前国际通用的专利文献分类和检索工具。一般情况下，IPC 分类表示专利所涉及的技术领域。IPC 分类系统按照技术主题设立类目，把整个技术领域分为 5 个不同等级：部、大类、小类、大组、小组。不同等级以 IPC 分类号的不同长度来表示。部为 IPC 分类号首字母，大类为两位数字，小类为第四位大写字母，大组用 1 ～ 3 位数字加 /00 标记，小组将大组中的 00 表示成其他数字。本报告采用基于 IPC 重合的相似性过滤策略，即只有在 IPC 小类重合的情况下，才进行专利的相似性计算。

1.3.3.3 竞争对手识别及竞争强度值计算

上市公司的技术竞争对手识别主要用于寻找与该公司的专利存在较大相

似性、不存在专利合作及转移转让等联系行为的公司。其计算方法如下。

①对于每家上市公司 A，首先获取该公司的专利列表。

②对于专利列表中的每项专利，根据大规模专利文本的相似性计算方法，获取其相似专利集合。根据相似专利集合中的专利权人字段，获取相似专利权人集合。

③对于相似专利权人集合中每位专利权人，根据相似专利的相似度进行累加，求出专利权人之间的技术相似度。

④核实专利权人之间是否存在专利之间的合作及专利转移转让关系，如果有，则专利权人之间的技术竞争度为 0。如果不存在合作及专利转移转让，则专利权人之间的技术相似度为技术竞争度。

⑤将该上市公司的所有技术相似的专利权人根据技术竞争度进行排序，得到最高的技术竞争度值 v，以技术竞争强度 = 技术竞争度 /v 的方法对技术竞争度进行归一化，结果即为该公司的技术竞争强度。

1.4 数据来源

本报告的数据来源是中国科学技术信息研究所自主加工的上市企业年报数据库（简称"ISTIC 年报数据库"）。报告中第 2 章的分析数据来自 ISTIC 年报数据库中的企业基本信息库；第 3 章的分析数据来自 ISTIC 年报数据库中的企业基本信息库和财务数据库；第 4 章的分析数据来自 ISTIC 年报数据库中的财务数据库、企业核心技术分析数据库、中国上市企业专利题录信息数据库。

第 2 章 "科技竞争力 TOP 300" 企业概览

2.1 "科技竞争力 TOP 300" 上市企业行业分布

    根据证监会行业大类的划分标准，本报告将 2018—2020 年遴选进入"科技竞争力 TOP 300"的上市企业按照行业大类进行了数量统计，图 2-1 和表 2-1 均反映了各门类"科技竞争力 TOP 300"上市企业数量分布。从结果中可以看出，"科技竞争力 TOP 300"中数量最多的行业大类是计算机、通信和其他电子设备制造业，以 2020 年度"科技竞争力 TOP 300"样本为例，共有 80 家计算机、通信和其他电子设备制造业企业，占总量的 26.67%；其次是专用设备制造业，2020 年入选企业数量共 48 家，占比为 16%；再次是软件和信息技术服务业，2020 年入选企业数量共 35 家，占比为 11.67%。此外，如图 2-1 所示，近 3 年（2018—2020 年），遴选进入"科技竞争力 TOP 300"的代表性企业的行业分布态势基本不变。

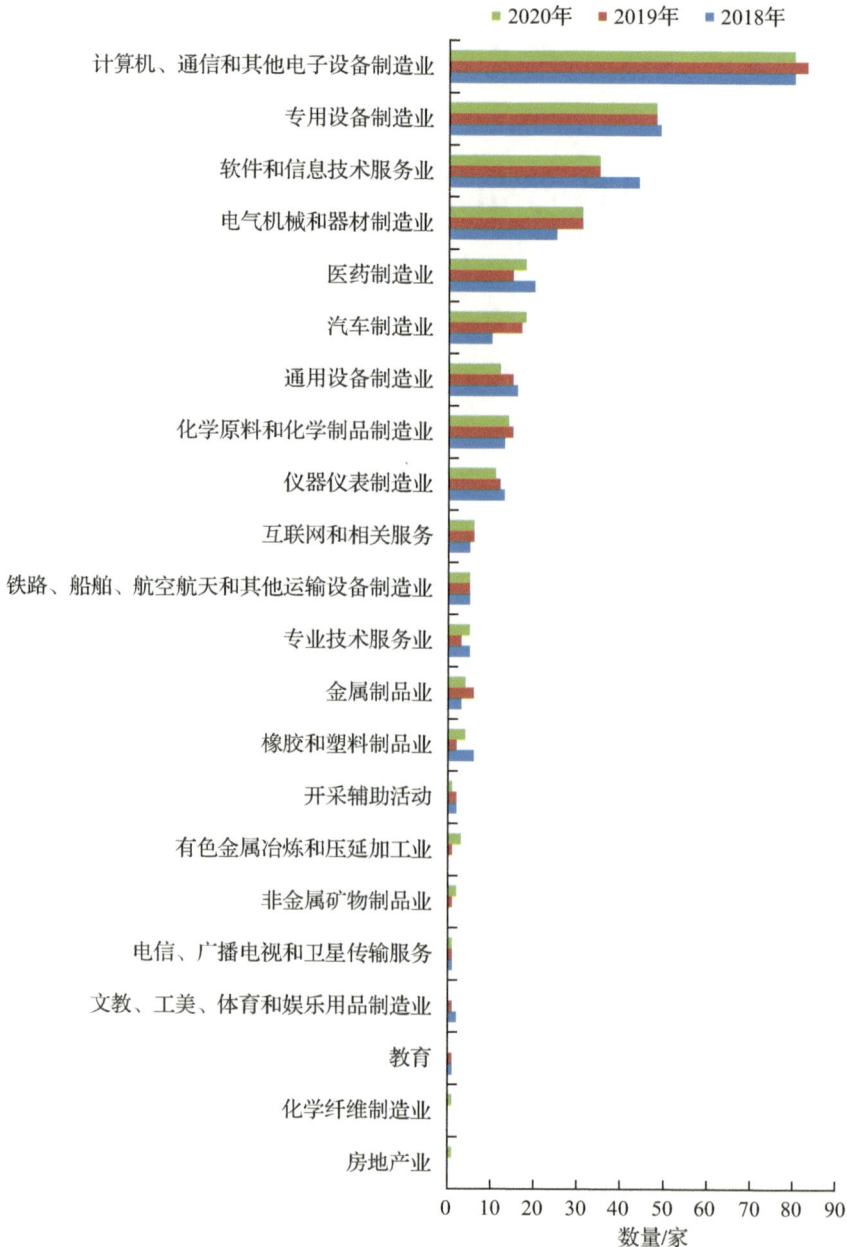

图 2-1　2018—2020 年各行业大类"科技竞争力 TOP 300"上市企业数量

表 2-1　2018—2020 年各行业大类"科技竞争力 TOP 300"上市企业数量

单位：家

各大类行业	2018 年	2019 年	2020 年
计算机、通信和其他电子设备制造业	80	83	80
专用设备制造业	49	48	48
软件和信息技术服务业	44	35	35
电气机械和器材制造业	25	31	31
医药制造业	20	15	18
汽车制造业	10	17	18
通用设备制造业	16	15	12
化学原料和化学制品制造业	13	15	14
仪器仪表制造业	13	12	11
互联网和相关服务	5	6	6
铁路、船舶、航空航天和其他运输设备制造业	5	5	5
专业技术服务业	5	3	5
金属制品业	3	6	4
橡胶和塑料制品业	6	2	4
开采辅助活动	2	2	1
有色金属冶炼和压延加工业		1	3
非金属矿物制品业		1	2
电信、广播电视和卫星传输服务	1	1	1
文教、工美、体育和娱乐用品制造业	2	1	
教育	1	1	
化学纤维制造业			1
房地产业			1
总计	300	300	300

2.2 "科技竞争力 TOP 300" 上市企业区域分布

图 2-2 反映 2018—2020 年各省份"科技竞争力 TOP 300"上市企业数量分布，具体数值如表 2-2 所示。根据图表可以看出，"科技竞争力 TOP 300"上市企业主要分布于广东省、北京市、江苏省、浙江省等地区。作为科技创新地缘优势区域，珠三角地区和长三角地区占有重要地位，其中以广东省最多，有 74 家，占据了"科技竞争力 TOP 300"总量的 24.67%，江苏省、浙江省分别排在第三、第四，以 2020 年为例，分别有 39 家、34 家进入"科技竞争力 TOP 300"。这在一定程度上与沿海省份本身经济发展优于内陆省份有重要关系，此外，这些省份积极推动本地企业与高水平大学、科研院所签订战略合作协议，发挥了产学研协同创新的重要作用。北部地区中，北京市作为全国科技创新中心，以 35 家上市企业数量位列"科技竞争力 TOP 300"排行榜第二；中部地区中，河南省和湖北省并列第七。根据国家级科技企业孵化器 2019 年度考核评价结果，河南省已经成为我国中西部地区创新创业高地[2]。总体来说，长三角地区的科技型企业发展最为突出，西部地区发展相对缓慢。以 2020 年为例，西部地区中，除四川省有 8 家上市企业进入"科技竞争力 TOP 300"以外，重庆市、贵州省、新疆维吾尔自治区、陕西省、宁夏回族自治区等合并一起进入"科技竞争力 TOP 300"仅 8 家。这与西部地区受物质资本和人才资本不足的制约，更多遵循劳动力的比较优势条件发展劳动密集型产业有关。但"十三五"以来，四川省产业技术创新取得了新进展。打造无人机产业高地、成立碳中和技术创新中心、加速突破关键核心技术，如重型燃机、核电装备、高端无人机等领域跻身世界前列，涌现了歼 -20、"华龙一号"、超超临界发电机组、"北斗"卫星移动通信系统等重大成果[3]。

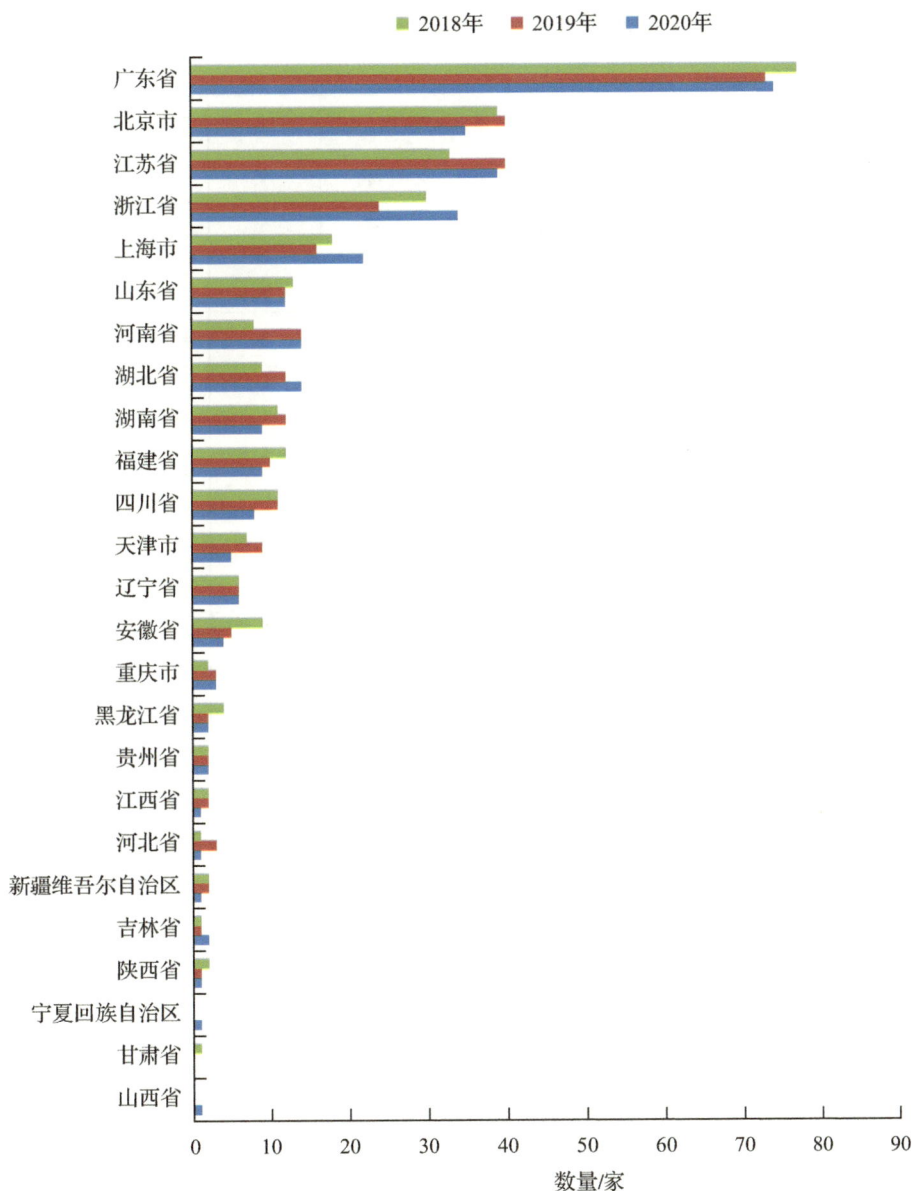

图 2-2　2018—2020 年各省份"科技竞争力 TOP 300"上市企业数量

表 2-2　2018—2020 年各省份"科技竞争力 TOP 300"上市企业数量

单位：家

省份	2018 年	2019 年	2020 年	省份	2018 年	2019 年	2020 年
广东省	77	73	74	安徽省	9	5	4
北京市	39	40	35	重庆市	2	3	3
江苏省	33	40	39	黑龙江省	4	2	2
浙江省	30	24	34	贵州省	2	2	2
上海市	18	16	22	江西省	2	2	1
山东省	13	12	12	河北省	1	3	1
河南省	8	14	14	新疆维吾尔自治区	2	2	1
湖北省	9	12	14	吉林省	1	1	2
湖南省	11	12	9	陕西省	2	1	1
福建省	12	10	9	宁夏回族自治区			1
四川省	11	11	8	甘肃省	1		
天津市	7	9	5	山西省			1
辽宁省	6	6	6				

2.3　"科技竞争力 TOP 300"核心企业分布

本节以筛选出的最具代表性的核心上市企业作为样本，进行更加深入的分析。筛选依据是，选取 2018—2020 年连续 3 个统计年度进入 TOP 100 的上市企业，作为核心企业样本。共计得出 56 家核心上市企业，详细分布如表 2-3 所示。

表 2-3　"科技竞争力 TOP 300" 56 家核心上市企业分布

证券代码	证券简称	公司全称	省份	城市	门类行业	大类行业
000050.SZ	深天马 A	天马微电子股份有限公司	广东省	深圳市	制造业	计算机、通信和其他电子设备制造业
000063.SZ	中兴通讯	中兴通讯股份有限公司	广东省	深圳市	制造业	计算机、通信和其他电子设备制造业
000725.SZ	京东方 A	京东方科技集团股份有限公司	北京市	北京市	制造业	计算机、通信和其他电子设备制造业
002138.SZ	顺络电子	深圳顺络电子股份有限公司	广东省	深圳市	制造业	计算机、通信和其他电子设备制造业
002179.SZ	中航光电	中航光电科技股份有限公司	河南省	洛阳市	制造业	计算机、通信和其他电子设备制造业
002236.SZ	大华股份	浙江大华技术股份有限公司	浙江省	杭州市	制造业	计算机、通信和其他电子设备制造业
002241.SZ	歌尔股份	歌尔股份有限公司	山东省	潍坊市	制造业	计算机、通信和其他电子设备制造业
002281.SZ	光迅科技	武汉光迅科技股份有限公司	湖北省	武汉市	制造业	计算机、通信和其他电子设备制造业
002308.SZ	威创股份	威创集团股份有限公司	广东省	广州市	制造业	计算机、通信和其他电子设备制造业
002376.SZ	新北洋	山东新北洋信息技术股份有限公司	山东省	威海市	制造业	计算机、通信和其他电子设备制造业

续表

证券代码	证券简称	公司全称	省份	城市	门类行业	大类行业
002415.SZ	海康威视	杭州海康威视数字技术股份有限公司	浙江省	杭州市	制造业	计算机、通信和其他电子设备制造业
002436.SZ	兴森科技	深圳市兴森快捷电路科技股份有限公司	广东省	深圳市	制造业	计算机、通信和其他电子设备制造业
002465.SZ	海格通信	广州海格通信集团股份有限公司	广东省	广州市	制造业	计算机、通信和其他电子设备制造业
002583.SZ	海能达	海能达通信股份有限公司	广东省	深圳市	制造业	计算机、通信和其他电子设备制造业
300079.SZ	数码视讯	北京数码视讯科技股份有限公司	北京市	北京市	制造业	计算机、通信和其他电子设备制造业
300102.SZ	乾照光电	厦门乾照光电股份有限公司	福建省	厦门市	制造业	计算机、通信和其他电子设备制造业
300353.SZ	东土科技	北京东土科技股份有限公司	北京市	北京市	制造业	计算机、通信和其他电子设备制造业
300458.SZ	全志科技	珠海全志科技股份有限公司	广东省	珠海市	制造业	计算机、通信和其他电子设备制造业
300666.SZ	江丰电子	宁波江丰电子材料股份有限公司	浙江省	余姚市	制造业	计算机、通信和其他电子设备制造业
300672.SZ	国科微	湖南国科微电子股份有限公司	湖南省	长沙市	制造业	计算机、通信和其他电子设备制造业

续表

证券代码	证券简称	公司全称	省份	城市	门类行业	大类行业
600498.SH	烽火通信	烽火通信科技股份有限公司	湖北省	武汉市	制造业	计算机、通信和其他电子设备制造业
600703.SH	三安光电	三安光电股份有限公司	湖北省	荆州市	制造业	计算机、通信和其他电子设备制造业
600776.SH	东方通信	东方通信股份有限公司	浙江省	杭州市	制造业	计算机、通信和其他电子设备制造业
603160.SH	汇顶科技	深圳市汇顶科技股份有限公司	广东省	深圳市	制造业	计算机、通信和其他电子设备制造业
603660.SH	苏州科达	苏州科达科技股份有限公司	江苏省	苏州市	制造业	计算机、通信和其他电子设备制造业
603986.SH	兆易创新	北京兆易创新科技股份有限公司	北京市	北京市	制造业	计算机、通信和其他电子设备制造业
002230.SZ	科大讯飞	科大讯飞股份有限公司	安徽省	合肥市	信息传输、软件和信息技术服务业	软件和信息技术服务业
300002.SZ	神州泰岳	北京神州泰岳软件股份有限公司	北京市	北京市	信息传输、软件和信息技术服务业	软件和信息技术服务业
300017.SZ	网宿科技	网宿科技股份有限公司	上海市	上海市	信息传输、软件和信息技术服务业	软件和信息技术服务业
300352.SZ	北信源	北京北信源软件股份有限公司	北京市	北京市	信息传输、软件和信息技术服务业	软件和信息技术服务业

续表

证券代码	证券简称	公司全称	省份	城市	门类行业	大类行业
300369.SZ	绿盟科技	绿盟科技集团股份有限公司	北京市	北京市	信息传输、软件和信息技术服务业	软件和信息技术服务业
300386.SZ	飞天诚信	飞天诚信科技股份有限公司	北京市	北京市	信息传输、软件和信息技术服务业	软件和信息技术服务业
600406.SH	国电南瑞	国电南瑞科技股份有限公司	江苏省	南京市	信息传输、软件和信息技术服务业	软件和信息技术服务业
600588.SH	用友网络	用友网络科技股份有限公司	北京市	北京市	信息传输、软件和信息技术服务业	软件和信息技术服务业
600718.SH	东软集团	东软集团股份有限公司	辽宁省	沈阳市	信息传输、软件和信息技术服务业	软件和信息技术服务业
002008.SZ	大族激光	大族激光科技产业集团股份有限公司	广东省	深圳市	制造业	专用设备制造业
002204.SZ	大连重工	大连华锐重工集团股份有限公司	辽宁省	大连市	制造业	专用设备制造业
002371.SZ	北方华创	北方华创科技集团股份有限公司	北京市	北京市	制造业	专用设备制造业
300450.SZ	先导智能	无锡先导智能装备股份有限公司	江苏省	无锡市	制造业	专用设备制造业
601608.SH	中信重工	中信重工机械股份有限公司	河南省	洛阳市	制造业	专用设备制造业
002335.SZ	科华数据	科华数据股份有限公司	福建省	厦门市	制造业	电气机械和器材制造业
002339.SZ	积成电子	积成电子股份有限公司	山东省	济南市	制造业	电气机械和器材制造业
300014.SZ	亿纬锂能	惠州亿纬锂能股份有限公司	广东省	惠州市	制造业	电气机械和器材制造业

续表

证券代码	证券简称	公司全称	省份	城市	门类行业	大类行业
601126.SH	四方股份	北京四方继保自动化股份有限公司	北京市	北京市	制造业	电气机械和器材制造业
002046.SZ	国机精工	国机精工股份有限公司	河南省	洛阳市	制造业	通用设备制造业
300024.SZ	机器人	沈阳新松机器人自动化股份有限公司	辽宁省	沈阳市	制造业	通用设备制造业
002643.SZ	万润股份	中节能万润股份有限公司	山东省	烟台市	制造业	化学原料和化学制品制造业
603916.SH	苏博特	江苏苏博特新材料股份有限公司	江苏省	南京市	制造业	化学原料和化学制品制造业
300199.SZ	翰宇药业	深圳翰宇药业股份有限公司	广东省	深圳市	制造业	医药制造业
600276.SH	恒瑞医药	江苏恒瑞医药股份有限公司	江苏省	连云港市	制造业	医药制造业
002594.SZ	比亚迪	比亚迪股份有限公司	广东省	深圳市	制造业	汽车制造业
002920.SZ	德赛西威	惠州市德赛西威汽车电子股份有限公司	广东省	惠州市	制造业	汽车制造业
600583.SH	海油工程	海洋石油工程股份有限公司	天津市	天津市	采矿业	开采辅助活动
002315.SZ	焦点科技	焦点科技股份有限公司	江苏省	南京市	信息传输、软件和信息技术服务业	互联网和相关服务
300567.SZ	精测电子	武汉精测电子集团股份有限公司	湖北省	武汉市	制造业	仪器仪表制造业
600458.SH	时代新材	株洲时代新材料科技股份有限公司	湖南省	株洲市	制造业	橡胶和塑料制品制造业

2.3.1 "科技竞争力 TOP 300"核心企业按行业分布

本小节对"科技竞争力 TOP 300"的核心企业进行分析，核心企业行业分类标准按照证监会行业大类进行统计。如图 2-3 所示，具体数值见表 2-4。"科技竞争力 TOP 300"的核心企业主要分布于计算机、通信和其他电子设备制造业、软件和信息技术服务业、专用设备制造业、电气机械和器材制造业，占比分别为 46.6%、16.1%、8.9%、7.1%。在"科技竞争力 TOP 300"行业分布中，计算机、通信和其他电子设备制造业占比约为 26.67%，而在遴选出的核心企业分布中，计算机、通信和其他电子设备制造业占比达到了46.6%，说明该行业上市企业在核心企业中的占比明显高于"科技竞争力 TOP 300"中的行业占比，隶属于计算机、通信和其他电子设备制造业的上市企业近 3 年整体表现优于其他行业上市企业。

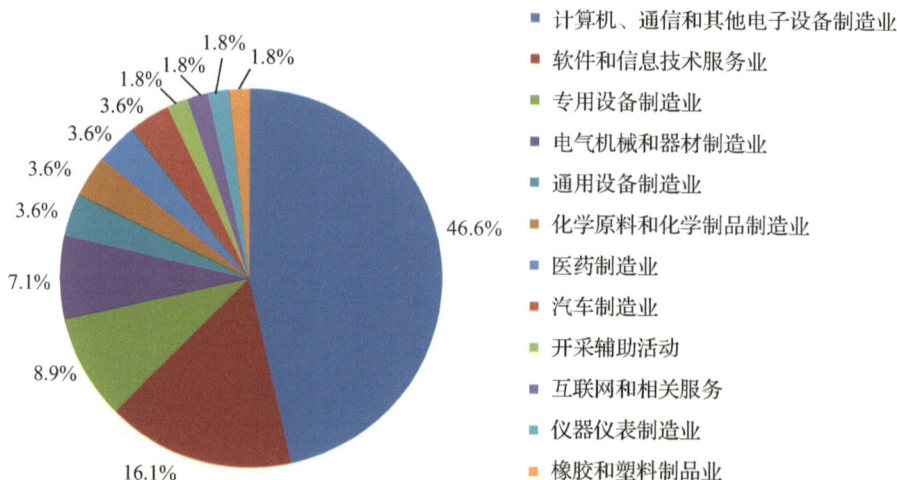

图 2-3　各行业"科技竞争力 TOP 300"核心上市企业数量分布情况

表 2-4　各行业"科技竞争力 TOP 300"核心上市企业数量分布情况

单位：家

行业名称	上市企业数量	行业名称	上市企业数量
计算机、通信和其他电子设备制造业	26	医药制造业	2
软件和信息技术服务业	9	汽车制造业	2

续表

行业名称	上市企业数量	行业名称	上市企业数量
专用设备制造业	5	开采辅助活动	1
电气机械和器材制造业	4	互联网和相关服务	1
通用设备制造业	2	仪器仪表制造业	1
化学原料和化学制品制造业	2	橡胶和塑料制品业	1

2.3.2 "科技竞争力 TOP 300" 核心企业按区域分布

图 2-4 为各省份 "科技竞争力 TOP 300" 核心上市企业的数量分布，具体数值如表 2-5 所示。从图中可以看出，"科技竞争力 TOP 300" 核心企业分布总体呈现出 "南强北弱" 的特点，广东省以拥有 14 家核心上市企业位列第一；北京市则以 11 家核心上市企业位列第二；长三角地区的表现最为突出，江苏省、浙江省分别排在第 3 位、第 4 位。相比之下，西部地区的 16 家科技型上市企业没有被遴选入核心企业，反映出西部地区的科技类上市企业科技竞争力不足的特点。

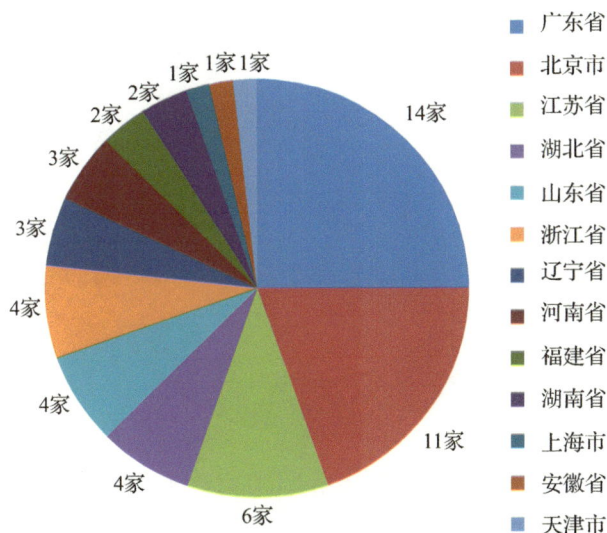

图 2-4 各省份 "科技竞争力 TOP 300" 核心上市企业数量分布情况

表 2-5　各省份"科技竞争力 TOP 300"核心上市企业数量分布情况

单位：家

省份	上市企业数量	省份	上市企业数量
广东省	14	河南省	3
北京市	11	福建省	2
江苏省	6	湖南省	2
湖北省	4	上海市	1
山东省	4	安徽省	1
浙江省	4	天津市	1
辽宁省	3		

按照地级及以上城市进行排名统计，经济发展好、开放程度高的城市纷纷上榜（图 2-5、表 2-6），其中北京市与深圳市分别以 11 家和 9 家核心上市企业的巨大优势排在第 1 位和第 2 位，洛阳市、南京市、杭州市、武汉市等

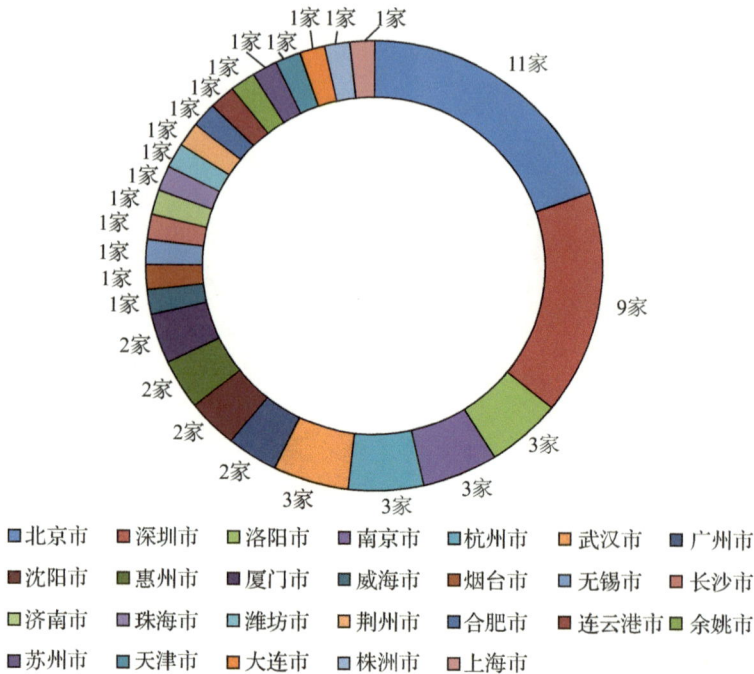

图 2-5　各城市"科技竞争力 TOP 300"核心上市企业数量分布情况

东部和中部城市也保持较大优势，排名靠前。其中，2019—2021 年，洛阳市企业院所主持和参与的科研项目多次获得国家科学技术奖励，累计获国家技术发明奖二等奖 1 项，国家科学技术进步奖一等奖 2 项，国家科学技术进步奖二等奖 8 项 [4]，这也从另一个维度说明了近年来洛阳市在科技方面取得的成果。值得注意的是，56 家核心上市企业中，共有 29 家分布在 11 个省会及直辖市，说明省会和直辖市的政策、人才、资金及技术条件更有利于科技型企业发展，更易形成科技型企业集聚的现象。

表 2-6 各城市"科技竞争力 TOP 300"核心上市企业数量分布情况

单位：家

城市名称	上市企业数量	城市名称	上市企业数量
北京市	11	长沙市	1
深圳市	9	济南市	1
洛阳市	3	珠海市	1
南京市	3	潍坊市	1
杭州市	3	荆州市	1
武汉市	3	合肥市	1
广州市	2	连云港市	1
沈阳市	2	余姚市	1
惠州市	2	苏州市	1
厦门市	2	天津市	1
威海市	1	大连市	1
烟台市	1	株洲市	1
无锡市	1	上海市	1

第 3 章 "科技竞争力 TOP 300" 与 "沪深 300" 成分股对比分析

3.1 基本指标对比

3.1.1 行业分布对比

"沪深 300"指数由上海和深圳证券市场中市值大、流动性好的 300 只股票组成，可以综合反映中国 A 股市场上市股票价格的整体表现。本报告将遴选出的"科技竞争力 TOP 300"上市企业样本的行业分布与"沪深 300"进行对比，可以进一步对比出科技型上市企业的行业分布特点。图 3-1 反映出2018—2020 年各行业"沪深 300"上市企业数量，具体数值如表 3-1 所示。

根据证监会行业大类的划分标准，本报告将 2018—2020 年各年份下半年进入"沪深 300"的上市企业按照行业大类进行了数量统计。从结果中可以看出，"沪深 300"上市企业行业分类中，3 年累计数量最多的行业大类是资本市场服务，其次是计算机、通信和其他电子设备制造业，排名第三的是货币金融服务，医药制造业和房地产业紧随其后。以 2020 年度为例，"沪深 300"的成分股上市企业中共有 29 家资本市场服务类企业，32 家计算机、通信和其他电子设备制造业企业及 27 家货币金融服务类企业。

可以看到，在"沪深 300"成分股所属的前 5 个大类行业中，有两个行业属于金融业和制造业，相比之下，"科技竞争力 TOP 300"上市企业所属的前5 个大类行业则均属于制造业，分别为：计算机、通信和其他电子设备制造业，专用设备制造业，软件和信息技术服务业，电气机械和器材制造业，医药制造业。造成这些差异的主要原因是遴选依据的差别，"沪深 300"更多关注市值大、流动性好的股票，这其中包含较多金融及房地产行业的股票，而"科技竞争力 TOP 300"则更注重企业的科技创新能力，遴选出的绝大多数为科技含量高、研发投入强、更重视无形资产的计算机、专用设备、软件及各类设备制造业企业。

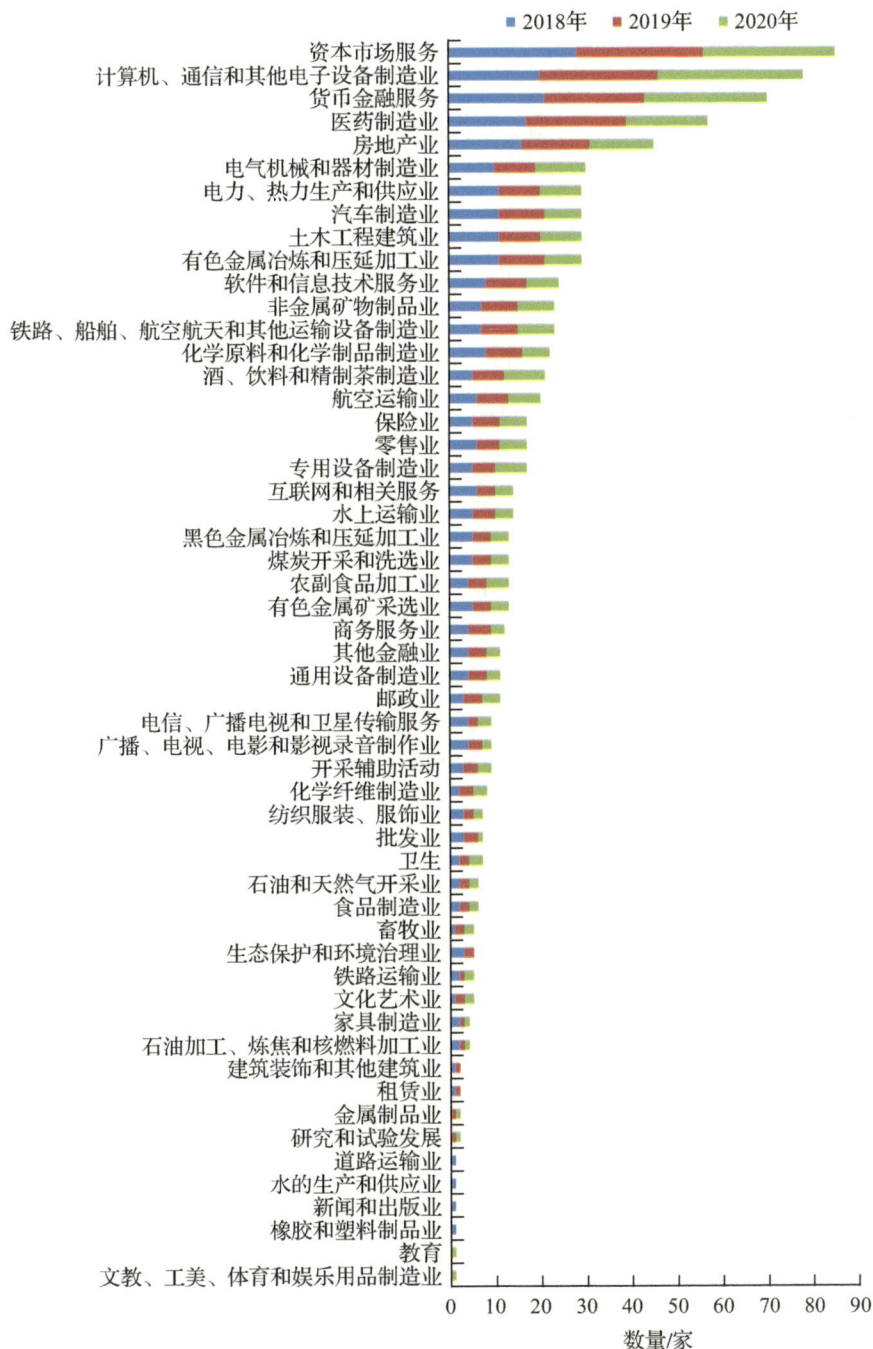

图 3-1　2018—2020 年各行业"沪深 300"上市企业数量

表 3-1　2018—2020 年各行业"沪深 300"上市企业数量

单位：家

大类行业	2018 年	2019 年	2020 年
资本市场服务	28	28	29
计算机、通信和其他电子设备制造业	20	26	32
货币金融服务	21	22	27
医药制造业	17	22	18
房地产业	16	15	14
电气机械和器材制造业	10	9	11
电力、热力生产和供应业	11	9	9
汽车制造业	11	10	8
土木工程建筑业	11	9	9
有色金属冶炼和压延加工业	11	10	8
软件和信息技术服务业	8	9	7
非金属矿物制品业	7	8	8
铁路、船舶、航空航天和其他运输设备制造业	7	8	8
化学原料和化学制品制造业	8	8	6
酒、饮料和精制茶制造业	5	7	9
航空运输业	6	7	7
保险业	5	6	6
零售业	6	5	6
专用设备制造业	5	5	7
互联网和相关服务	6	4	4
水上运输业	5	5	4
黑色金属冶炼和压延加工业	5	4	4

续表

大类行业	2018 年	2019 年	2020 年
煤炭开采和洗选业	5	4	4
农副食品加工业	4	4	5
有色金属矿采选业	5	4	4
商务服务业	4	5	3
其他金融业	4	4	3
通用设备制造业	4	4	3
邮政业	3	4	4
电信、广播电视和卫星传输服务	4	2	3
广播、电视、电影和影视录音制作业	4	3	2
开采辅助活动	3	3	3
化学纤维制造业	2	3	3
纺织服装、服饰业	3	2	2
批发业	3	3	1
卫生	2	2	3
石油和天然气开采业	2	2	2
食品制造业	2	2	2
畜牧业	1	2	2
生态保护和环境治理业	3	2	0
铁路运输业	2	1	2
文化艺术业	1	2	2
家具制造业	2	1	1
石油加工、炼焦和核燃料加工业	2	1	1
建筑装饰和其他建筑业	1	1	0

大类行业	2018 年	2019 年	2020 年
租赁业	1	1	0
金属制品业	0	1	1
研究和试验发展	0	1	1
道路运输业	1	0	0
水的生产和供应业	1	0	0
新闻和出版业	1	0	0
橡胶和塑料制品业	1	0	0
教育	0	0	1
文教、工美、体育和娱乐用品制造业	0	0	1
总计	300	300	300

3.1.2　区域分布对比

　　本报告将遴选出的"科技竞争力 TOP 300"上市企业样本的区域分布与"沪深 300"进行对比,可以进一步对比出科技型上市企业的区域聚集特征。图 3-2 反映出 2018—2020 年各省份"沪深 300"上市企业数量,具体数值如表 3-2 所示。

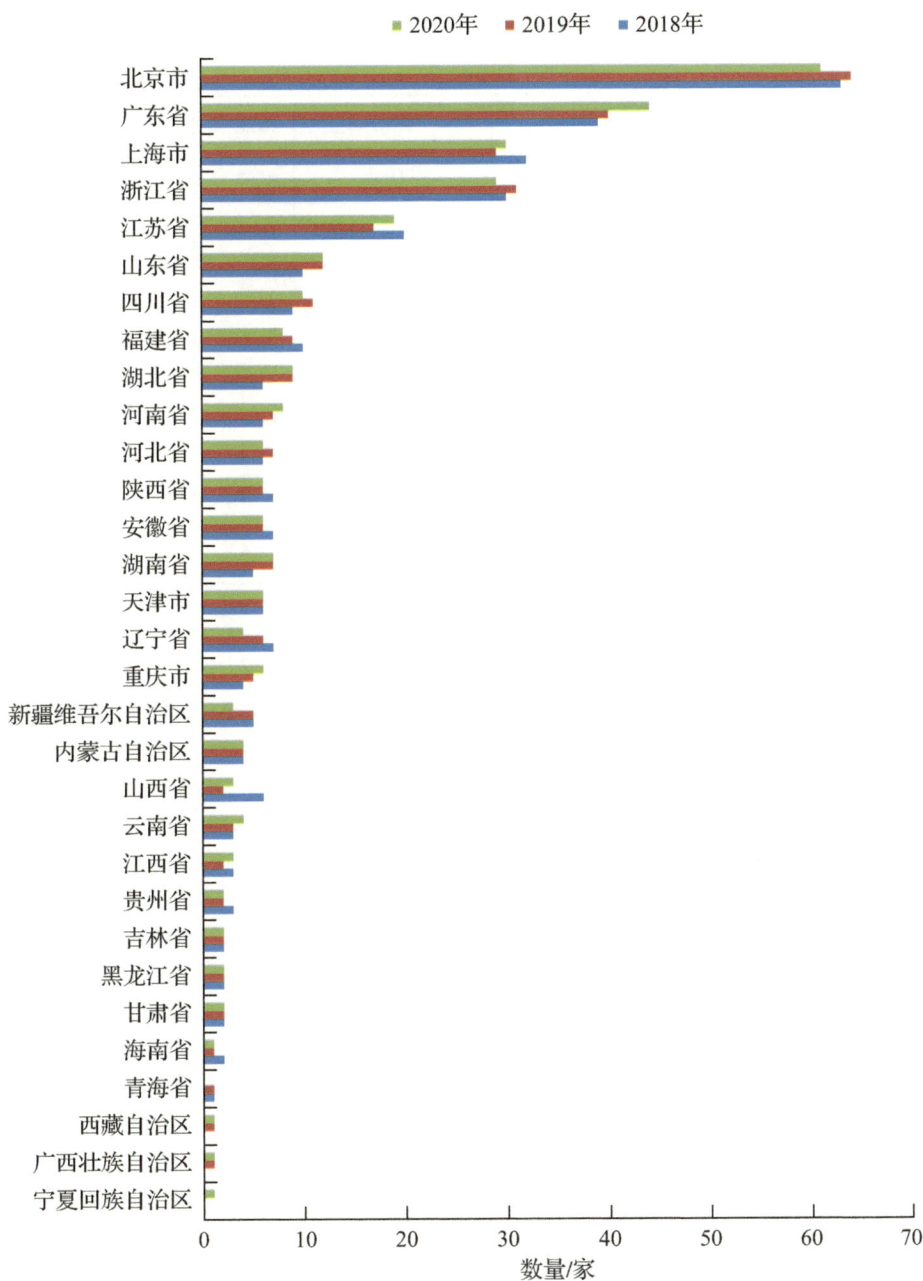

图 3-2   2018—2020 年各省份 "沪深 300" 上市企业数量

表 3-2 2018—2020 年各省份"沪深 300"上市企业数量

单位：家

省份	2018 年	2019 年	2020 年	省份	2018 年	2019 年	2020 年
北京市	63	64	61	重庆市	4	5	6
广东省	39	40	44	新疆维吾尔自治区	5	5	3
上海市	32	29	30	内蒙古自治区	4	4	4
浙江省	30	31	29	山西省	6	2	3
江苏省	20	17	19	云南省	3	3	4
山东省	10	12	12	江西省	3	2	3
四川省	9	11	10	贵州省	3	2	2
福建省	10	9	8	吉林省	2	2	2
湖北省	6	9	9	黑龙江省	2	2	2
河南省	6	7	8	甘肃省	2	2	2
河北省	6	7	6	海南省	2	1	1
安徽省	7	6	6	青海省	1	1	
陕西省	7	6	6	西藏自治区		1	1
湖南省	5	7	7	广西壮族自治区		1	1
天津市	6	6	6	宁夏回族自治区			1
辽宁省	7	6	4				

为了更好地对比"沪深 300"和"科技竞争力 TOP 300"区域分布特征，分别统计"沪深 300"和"科技竞争力 TOP 300"上市企业按省份连续 3 年累积出现的次数，根据出现次数的多少进行排名。相较"科技竞争力 TOP 300"的上市企业区域分布而言，"沪深 300"的 300 家上市企业分布的省份范围更广，涵盖了国内 31 个省、直辖市和自治区。

为了更加直观地比较"科技竞争力 TOP 300"与"沪深 300"上市企业的区域分布差异，在"沪深 300"和"科技竞争力 TOP 300"各区域 3 年累积出现次数和排名的基础上，计算了累积出现次数之差和排名之差，具体数值如

表 3-3 所示。具体计算方式为：以"沪深 300"按省份累积出现次数及排名为基准，计算二者累积出现次数和排名的差值。如果累积出现次数差值为负，说明该省份纳入"科技竞争力 TOP 300"的上市企业少于纳入"沪深 300"的上市企业，同理，如果排名差值为负，说明该省份在"科技竞争力 TOP 300"的排名落后于该省份在"沪深 300"中的排名。为了找出排名变化明显的省份，重点分析二者差值较大的省份。仍旧以"沪深 300"上市企业遴选标准为基准，能够纳入"沪深 300"上市企业越多的省份，表明该省份市值大、流动性好的上市企业越多，当该省纳入"科技竞争力 TOP 300"的上市企业数量或排名基本与纳入"沪深 300"的上市企业数量或排名一致时，表明该省上市企业亦同等发展了符合科技型企业特征的优质上市企业。当差值为负时，表明该省科技指标表现突出的上市企业出现了相对匮乏。反之，则反映出该省具备更多科技型特征表现优异的上市企业。

　　"科技竞争力 TOP 300"排名前三的省份分别是广东省、北京市和江苏省，而"沪深 300"上市企业按区域排名前三的省份分别是北京市、广东省和上海市。通过对各省份"科技竞争力 TOP 300"上市企业的行业分布发现，北京市和上海市包含了大量金融业及租赁和商务服务业的上市企业，连续 3 年累积出现次数分别为 46 次和 32 次。单论科技上市企业更加集中的省份来看，广东省和江苏省分别排名第一和第三。

　　与此同时，"科技竞争力 TOP 300"排名较靠前的省份还有浙江省（排名第 4 位）、山东省（排名第 6 位）、河南省（排名第 7 位）、湖北省（排名第 8 位）、湖南省（排名第 9 位）、福建省（排名第 10 位）、四川省（排名第 11 位），这些省份在"科技竞争力 TOP 300"中排名与"沪深 300"排名较为接近，其中累计出现次数之差最大的省份为河南省，河南省在"沪深 300"中位列第十，而在"科技竞争力 TOP 300"上市企业中，河南省排名更靠前，为第 7 位。河南省近几年非常重视科技企业孵化，据国家级科技企业孵化器 2019 年度考核评价结果显示，河南省国家级科技企业孵化器评价为优秀（A 类）的达 11 家，居全国第 4 位，中西部地区首位，河南省已经成为我国中西部地区创新创业高地 [2]。

　　而在"科技竞争力 TOP 300"排名第 12 位至第 18 位的省份中，3 年累积出现次数和排名差值较大的省份有陕西省、河北省、天津市和辽宁省。陕西省在"沪深 300"中连续 3 年累计次数排名为第 11 位，但在"科技竞争力 TOP 300"中连续 3 年累计次数排名仅为第 21 位；河北省亦是如此，该省份在"沪深 300"中连续 3 年累计次数排名第 11 位，但在"科技竞争力 TOP 300"中连续 3 年累计次数排名仅为第 18 位。这表明，在陕西省和河北省的上市企业构成中，相较于市值规模更大、流动性更好的上市企业而言，科技指标表现突出的上市企业仍相对匮乏。反之，天津市和辽宁省在"科技竞争力 TOP 300"中连续 3 年累计次数分别排名第 12 位和第 13 位，在"沪深300"中连续 3 年累计次数则分别排名第 15 位和第 16 位，说明这两个省在科技发展方面更有突出优势。

此外，通过对比还发现，在"科技竞争力 TOP 300"上市企业未覆盖的区域，如内蒙古自治区、云南省、海南省、广西壮族自治区、西藏自治区、青海省等，内蒙古自治区和云南省在"沪深 300"成分股上市企业中的连续 3年累积出现次数较多，分别高达 12 次和 10 次。这表明，上述两个区域不乏市值大、流动性好的上市企业，但仍缺少具备较强科技竞争力的优质上市企业（表 3-3）。

表 3-3   各省份"科技竞争力 TOP 300"与"沪深 300"连续 3 年累计出现次数与排名对比

省份	"沪深 300"连续 3 年累积出现次数 / 次	"沪深 300"连续 3 年累计出现次数排名	"科技竞争力 TOP 300"连续 3 年累积出现次数 / 次	"科技竞争力 TOP 300"连续 3 年累计出现次数排名	"科技竞争力 TOP 300"与"沪深 300"连续 3 年累积出现次数之差 / 次	"科技竞争力 TOP 300"与"沪深 300"排名之差
北京市	188	1	114	2	-74	-1
广东省	123	2	224	1	101	1
上海市	91	3	56	5	-35	-2
浙江省	90	4	88	4	-2	0
江苏省	56	5	112	3	56	2
山东省	34	6	37	6	3	0
四川省	30	7	30	11	0	-4
福建省	27	8	31	10	4	-2
湖北省	24	9	35	8	11	1
河南省	21	10	36	7	15	3

续表

省份	"沪深 300" 连续 3 年累积出现次数 / 次	"沪深 300" 连续 3 年累计出现次数排名	"科技竞争力 TOP 300" 连续 3 年累积出现次数 / 次	"科技竞争力 TOP 300" 连续 3 年累计出现次数排名	"科技竞争力 TOP 300" 与 "沪深 300" 连续 3 年累积出现次数之差 / 次	"科技竞争力 TOP 300" 与 "沪深 300" 排名之差
湖南省	19	11	32	9	13	2
安徽省	19	11	18	13	−1	−2
陕西省	19	11	4	21	−15	−10
河北省	19	11	5	18	−14	−7
天津市	18	15	21	12	3	3
辽宁省	17	16	18	13	1	3
重庆市	15	17	8	15	−7	2
新疆维吾尔自治区	13	18	5	18	−8	0
内蒙古自治区	12	19	0	—	−12	—
山西省	11	20	1	23	−10	−3
云南省	10	21	0	—	−10	—
江西省	8	22	5	18	−3	4
贵州省	7	23	6	17	−1	6
甘肃省	6	24	1	23	−5	1
黑龙江省	6	24	8	15	2	9
吉林省	6	24	4	21	−2	3
海南省	4	27	0	—	−4	—
广西壮族自治区	2	28	0	—	−2	—
西藏自治区	2	28	0	—	−2	—
青海省	2	28	0	—	−2	—

续表

省份	"沪深 300"连续 3 年累积出现次数 / 次	"沪深 300"连续 3 年累计出现次数排名	"科技竞争力 TOP 300"连续 3 年累积出现次数 / 次	"科技竞争力 TOP 300"连续 3 年累计出现次数排名	"科技竞争力 TOP 300"与"沪深 300"连续 3 年累积出现次数之差 / 次	"科技竞争力 TOP 300"与"沪深 300"排名之差
宁夏回族自治区	1	31	1	23	0	8
总计	900		900		0	

3.2　市值规模对比

　　表 3-4 比较了 2018—2020 年"科技竞争力 TOP 300"和"沪深 300"总市值的中位数,可以看出"科技竞争力 TOP 300"和"沪深 300"总市值中位数相比,量级相差悬殊。2018—2020 年,"沪深 300"总市值中位数约是"科技竞争力 TOP 300"总市值中位数的 8 ~ 9 倍。从图 3-3 可以看出总市值中位数的变化趋势,"科技竞争力 TOP 300"和"沪深 300"总市值中位数均呈现逐年上升趋势。"沪深 300"的市值规模在 3 年内的上升趋势显著大于"科技竞争力 TOP 300",表明投资者更热衷于投资规模大、更具稳定性的各行业头部上市企业。

表 3-4　2018—2020 年"科技竞争力 TOP 300"与"沪深 300"总市值中位数

单位:亿元

日期	"科技竞争力 TOP 300"	"沪深 300"
2018 年 6 月 30 日	54.7366	433.0161
2018 年 12 月 31 日	42.6055	367.9825
2019 年 6 月 30 日	55.8108	460.0463
2019 年 12 月 31 日	67.0236	552.5259
2020 年 6 月 30 日	73.8025	606.2806
2020 年 12 月 31 日	79.7666	779.5348

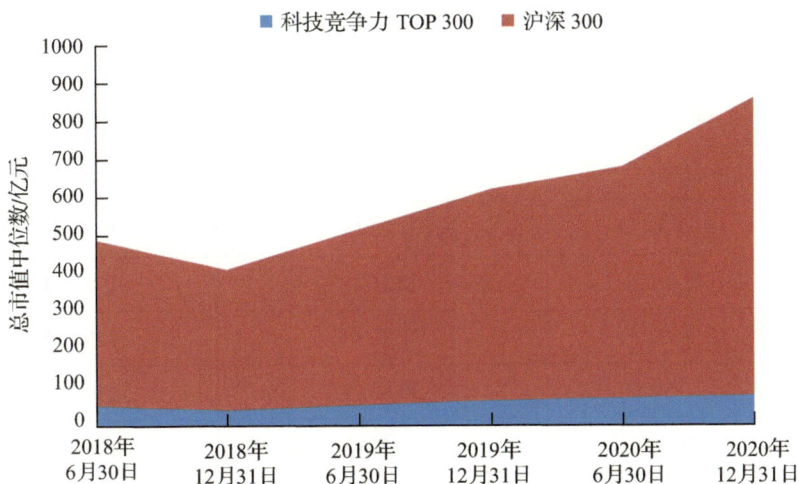

图 3-3　2018—2020 年 "科技竞争力 TOP 300" 与 "沪深 300" 总市值中位数

自由流通市值通常能反映一只股票真实的流通规模，从图 3-4 可以看出，2018—2020 年 "沪深 300" 的自由流通市值中位数增速仍旧高于 "科技竞争力 TOP 300"，具体数值如表 3-5 所示。这从一定程度上说明，"沪深 300" 中的部分行业龙头企业市场热度更高。

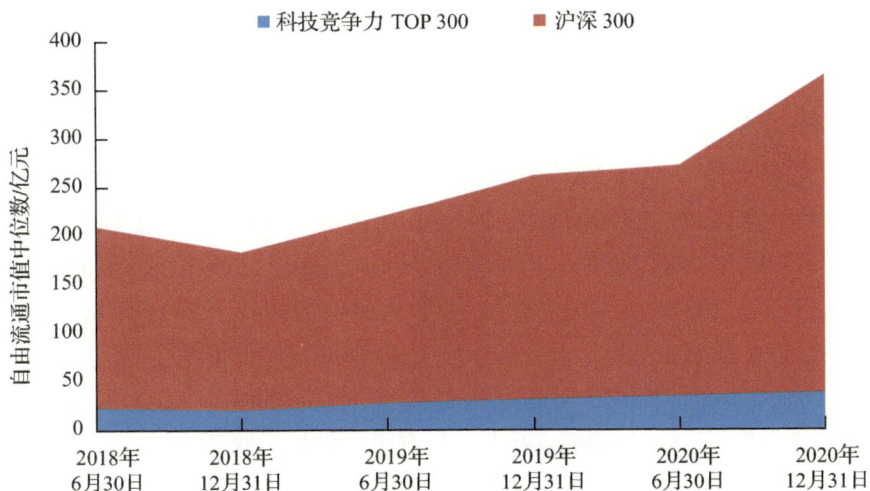

图 3-4　2018—2020 年 "科技竞争力 TOP 300" 与 "沪深 300" 自由流通市值中位数

表 3-5　2018—2020 年"科技竞争力 TOP 300"与"沪深 300"自由流通市值中位数

单位：亿元

日期	"科技竞争力 TOP 300"	"沪深 300"
2018 年 6 月 30 日	23.7775	185.3844
2018 年 12 月 31 日	21.2945	161.6598
2019 年 6 月 30 日	28.2694	192.8510
2019 年 12 月 31 日	32.1235	229.5754
2020 年 6 月 30 日	35.3361	236.5893
2020 年 12 月 31 日	38.5912	326.1884

3.3　盈利能力对比

盈利能力通常指企业在一定时期内赚取利润的能力。在本报告中，"科技竞争力 TOP 300"企业的盈利能力分析主要涉及营业收入、营业利润和净资产收益率等指标。

如图 3-5 及表 3-6 所示，通过对比 2018—2020 年"科技竞争力 TOP 300"与"沪深 300"上市企业的营业收入中位数可知，"科技竞争力 TOP 300"与"沪深 300"在营业收入上差异很大。从趋势来看，以"科技竞争力 TOP 300"中位数为基准，依 2018 年年报数据来看，"沪深 300"营业收入中位数为"科技竞争力 TOP 300"中位数的 16.30 倍，2019 年年报缩减为 15.21 倍，到 2020 年年报则进一步缩减为 13.94 倍，这表明，"科技竞争力 TOP 300"上市企业与规模较大的行业龙头企业的营业收入差距已逐渐缩小。同时，"沪深 300"成分股在 2020 年年报披露的营业收入中位数相较于 2019 年增幅为负，而"科技竞争力 TOP 300"营业收入中位数则同比略微增长，这也能在一定程度上反映出，面对 2020 年新冠肺炎疫情的巨大冲击，"科技竞争力 TOP 300"上市企业所受的负面影响更小，具有更强的抗风险能力。

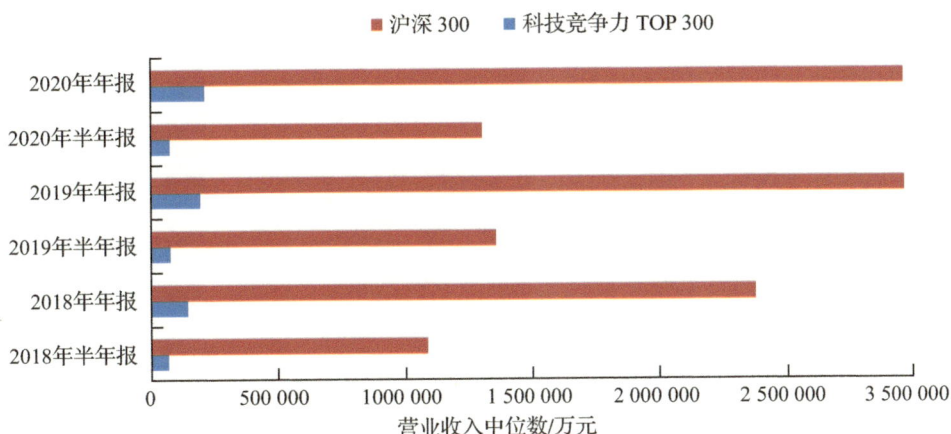

图 3-5   2018—2020 年"科技竞争力 TOP 300"与"沪深 300"营业收入中位数

表 3-6   2018—2020 年"科技竞争力 TOP 300"与"沪深 300"营业收入中位数

单位：万元

报告期	"科技竞争力 TOP 300"	"沪深 300"
2018 年半年报	68 069.59	1 086 121.69
2018 年年报	145 746.28	2 375 058.78
2019 年半年报	77 475.89	1 356 279.94
2019 年年报	195 073.20	2 967 795.77
2020 年半年报	75 458.83	1 303 429.48
2020 年年报	212 550.75	2 963 025.02

    相较于营业收入来讲，如图 3-6 及表 3-7 所示，"科技竞争力 TOP 300"与"沪深 300"上市企业的营业利润中位数相差更加悬殊。以每年"科技竞争力 TOP 300"的营业利润中位数作为基准，2018 年年报显示，"沪深 300"营业利润中位数为"科技竞争力 TOP 300"营业利润中位数的 24.96 倍，2019年年报为 24.30 倍，2020 年年报则缩减为 22.64 倍。"科技竞争力 TOP 300"上市企业与规模较大的行业龙头企业的营业利润差距虽然在逐渐缩小，但幅度较小。

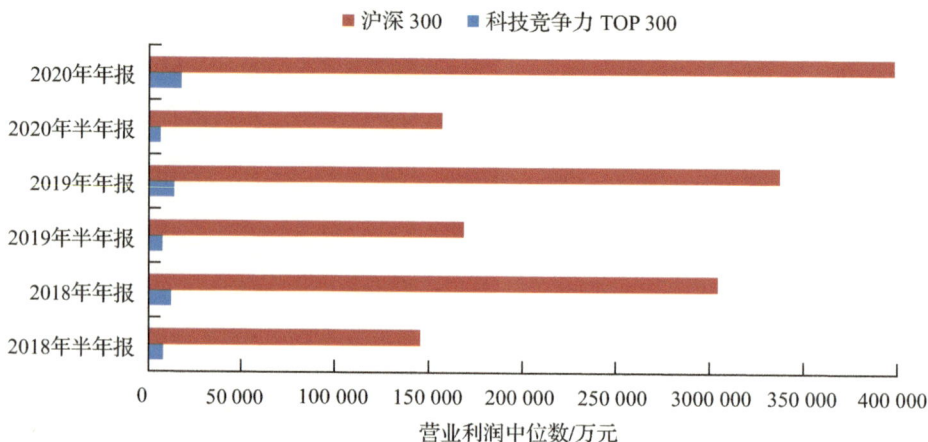

图 3-6　2018—2020 年"科技竞争力 TOP 300"与"沪深 300"营业利润中位数

表 3-7　2018—2020 年"科技竞争力 TOP 300"与"沪深 300"营业利润中位数

单位：万元

报告期	"科技竞争力 TOP 300"	"沪深 300"
2018 年半年报	7913.98	145 654.62
2018 年年报	12 196.52	304 473.15
2019 年半年报	7417.32	168 685.61
2019 年年报	13 886.40	337 389.83
2020 年半年报	6135.29	156 891.66
2020 年年报	17 585.90	398 205.63

　　虽然"科技竞争力 TOP 300"与"沪深 300"上市企业营业收入的差距在逐年缩小，但是营业利润缩小幅度仍然不及营业收入。根据营业利润的计算公式①可知，影响营业利润的主要因素是营业收入、营业成本及费用。既然"科技竞争力 TOP 300"的营业收入中位数在不断追赶"沪深 300"的营业收入中位数，而营业利润中位数差距几乎不变，这说明很大程度上是"科技竞争力 TOP 300"的营业成本及费用更多。

① 营业利润＝营业收入—营业成本—营业税金及附加—销售费用—管理费用—财务费用—资产减值损失＋公允价值变动净收益＋投资净收。

为进一步分析造成营业利润差距加大的原因，如表 3-8 所示，通过对 2020 年 "沪深 300" 和 "科技竞争力 TOP 300" 上市企业的营业成本及费用支出中位数进行统计发现，在 300 家 "沪深 300" 成分股上市企业中，仅有 238 家企业完整披露营业成本、三费费用等指标，存在缺失值的 62 家企业中，48 家隶属于金融业、7 家隶属于房地产业。由于存在缺失值不对等的情况，仅比较全部样本企业的中位数意义不大，因此下文仅对数据完整的剩余样本的平均数进行比较。最终样本为 300 家 "科技竞争力 TOP 300" 上市企业和 238 家 "沪深 300" 上市企业。

表 3-8　2020 年营业成本及三费占营业收入比例的中位数

样本遴选范围	2020 年营业成本/营业收入中位数	2020 年研发费用/营业收入中位数	2020 年销售费用/营业收入中位数	2020 年管理费用/营业收入中位数
"科技竞争力 TOP 300" 平均数（300 家）	0.6380	0.0930	0.0832	0.0747
"科技竞争力 TOP 300" 中位数（300 家）	0.6576	0.0751	0.0493	0.0652
"沪深 300" 平均数（238 家）	0.6884	0.0417	0.0533	0.0829
"沪深 300" 中位数（238 家）	0.7334	0.0256	0.0402	0.0412

首先，在营业成本占营业收入中位数的比重方面，"科技竞争力 TOP 300" 和 "沪深 300" 上市企业的平均数分别约为 0.64 和 0.69，表明营业成本占据了营业收入的大部分，且 "科技竞争力 TOP 300" 上市企业的平均营业成本占比更低，说明营业成本并不是造成 "科技竞争力 TOP 300" 营业利润较低的原因。

其次，在研发费用占营业收入中位数的比重方面，"沪深 300" 平均数约为 0.04，不及 "科技竞争力 TOP 300" 平均数 0.09。尽管如此，由于研发费用占营业收入比重相差仅为 5%，因此，即使研发费用会造成营业利润拉大，也不是造成利润差距的主要原因。

再次，在销售费用占营业收入中位数的比重方面，"科技竞争力 TOP 300"平均数约为 0.08，高于"沪深 300"的平均数 0.05；管理费用占营业收入比重方面，"科技竞争力 TOP 300"平均数约为 0.07，低于"沪深 300"的平均数 0.08。因此，在已有样本的成本及费用平均数统计基础之上，成本及费用的平均数基本持平。故营业成本及费用支出未披露的 62 家企业可能是造成"科技竞争力 TOP 300"与"沪深 300"营业利润差距进一步拉大的原因。尤其是 48 家隶属于金融业的轻资产类企业，在成本和费用上低于其他重资产制造业，故推断高利润的金融类及房地产类上市企业抬高了"沪深 300"上市企业的整体营业利润。

图 3-7 是"科技竞争力 TOP 300"与"沪深 300"上市企业 2018—2020 年净资产收益率中位数条形图，具体数值如表 3-9 所示。可以看到，"科技竞争力 TOP 300"净资产收益率中位数波动范围在 3.26%～8.25%。其中以 2019 年度最低，2020 年度增长较快。相比之下，"沪深 300"净资产收益率中位数波动范围在 5.45%～12.38%，且 2019 年和 2020 年都不及 2018 年。总体来看，"沪深 300"的运用资本效率更高，但在增长趋势上，"科技竞争力 TOP 300"的表现则更为显著。

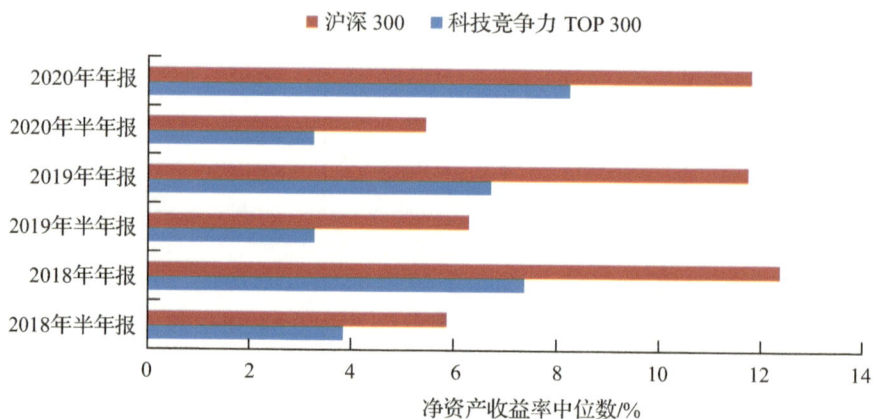

图 3-7　2018—2020 年"科技竞争力 TOP 300"与"沪深 300"净资产收益率中位数

表 3-9　2018—2020 年"科技竞争力 TOP 300"与"沪深 300"净资产收益率中位数

报告期	"科技竞争力 TOP 300"	"沪深 300"
2018 年半年报	3.85%	5.87%
2018 年年报	7.38%	12.38%
2019 年半年报	3.27%	6.30%
2019 年年报	6.73%	11.74%
2020 年半年报	3.26%	5.45%
2020 年年报	8.25%	11.80%

3.4　研发投入对比

图 3-8、表 3-10 和图 3-9、表 3-11 分别列出了 2018—2020 年"科技竞争力 TOP 300"和"沪深 300"研发支出合计中位数及研发支出总额占营业收入比例中位数的统计数据。

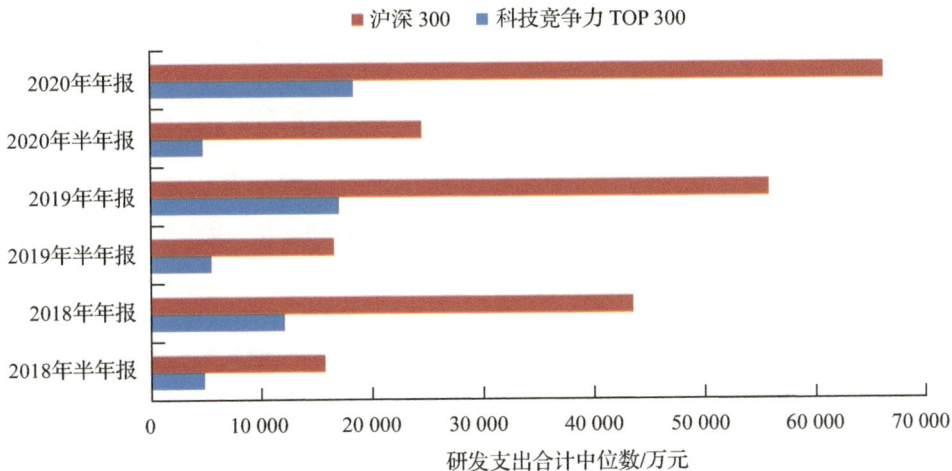

图 3-8　2018—2020 年"科技竞争力 TOP 300"与"沪深 300"研发支出合计中位数

表 3-10　2018—2020 年"科技竞争力 TOP 300"与"沪深 300"研发支出合计中位数

单位：万元

报告期	"科技竞争力 TOP 300"	"沪深 300"
2018 年半年报	48 010.28	15 726.47
2018 年年报	12 092.63	43 487.82
2019 年半年报	5489.67	16 578.27
2019 年年报	17 049.85	55 758.30
2020 年半年报	4750.28	24 479.73
2020 年年报	18 384.20	66 178.02

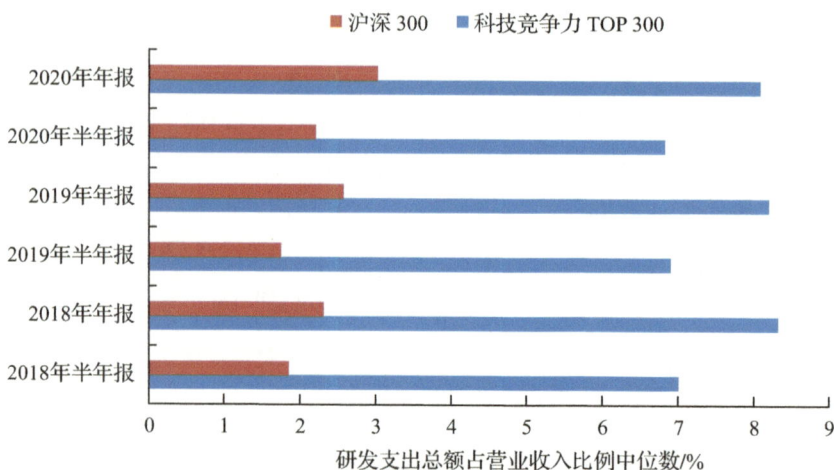

图 3-9　2018—2020 年"科技竞争力 TOP 300"与"沪深 300"研发支出总额占营业收入
比例中位数

表 3-11　2018—2020 年"科技竞争力 TOP 300"与"沪深 300"研发支出总额占营业收入
比例中位数

年份	科技竞争力 TOP 300	沪深 300
2018 年半年报	7.01%	1.86%
2018 年年报	8.33%	2.32%
2019 年半年报	6.91%	1.76%

年份	科技竞争力 TOP 300	沪深 300
2019 年年报	8.20%	2.58%
2020 年半年报	6.83%	2.21%
2020 年年报	8.09%	3.03%

根据 2018—2020 年的年度报告数据，发现"科技竞争力 TOP 300"研发支出合计的中位数呈先升后稳的趋势。相较而言，"沪深 300"受到其企业规模影响，研发支出合计中位数整体高于"科技竞争力 TOP 300"上市企业，且 2019 年和 2020 年的平均研发投入规模增长率分别为 20.5% 和 17.4%，相较于"科技竞争力 TOP 300"，其增长趋势更为稳健。

从"科技竞争力 TOP 300"与"沪深 300"近 3 年研发投入强度对比来看，"科技竞争力 TOP 300"的研发支出总额占营业收入比例中位数维持在 10% 左右，远高于"沪深 300"的研发投入强度。这表明，尽管在营业收入总量上"科技竞争力 TOP 300"上市企业远不能与"沪深 300"这些集聚大批规模优势的龙头企业相较量，但在研发投入方面，通过政策及市场的大力引导，科技类企业不断提升研发投入强度，为经济高质量发展奠定创新基础。

3.5 成长性对比

在成长性指标方面，本报告主要采用"归属母公司股东的净利润（同比增长率）"来表征。当归属母公司股东的净利润（同比增长率）大于 10% 时，表明企业在快速成长；若小于 0，则表明企业可能处于收缩或衰退中。

如图 3-10 及表 3-12 所示，2018—2020 年，"沪深 300"上市企业在归属母公司股东的净利润（同比增长率）中位数上呈现了放缓的趋势，特别是 2019 年和 2020 年，甚至出现负增长。相较而言，"科技竞争力 TOP 300"上市企业归属母公司股东的净利润（同比增长率）中位数至 2020 年出现大幅增长趋势。这可能与新冠肺炎疫情对工业企业生产经营形成严重冲击有关，而科技类特征强的上市企业在疫情中表现出显著的抗压力和竞争力。

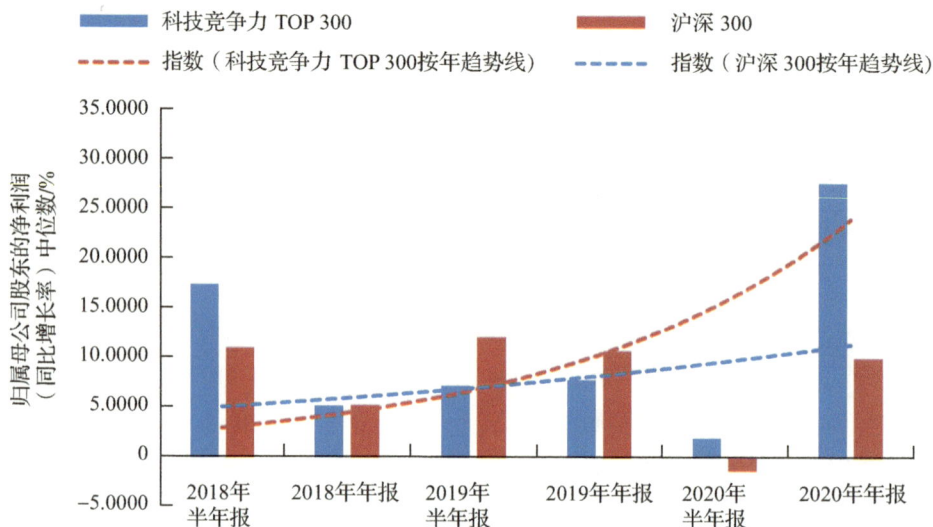

图 3-10   2018—2020 年"科技竞争力 TOP 300"与"沪深 300"归属母公司股东的净利润（同比增长率）中位数

表 3-12   2018—2020 年"科技竞争力 TOP 300"与"沪深 300"归属母公司股东的净利润（同比增长率）中位数

报告期	"科技竞争力 TOP 300"	"沪深 300"
2018 年半年报	17.40%	10.97%
2018 年年报	5.15%	5.22%
2019 年半年报	7.20%	12.05%
2019 年年报	7.78%	10.67%
2020 年半年报	1.93%	−1.37%
2020 年年报	27.62%	9.95%

3.6 市场表现对比

在市场表现指标方面，本报告主要采用"年化波动率"和"年化收益率"两个指标来表征。图 3-11 显示的是 2018—2020 年"科技竞争力 TOP 300"与"沪深 300"年化波动率中位数，具体数值如表 3-13 所示。总体来说，"科技竞争力 TOP 300"上市企业的股价年化波动率高于"沪深 300"上市企业。其中,"科技竞争力 TOP 300"在 2020 年上半年年化波动率中位数达到最大峰值 54.03%,2019 年下半年年化波动率中位数最小,为 37.57%。"沪深 300"除了 2019 年下半年的年化波动率中位数相对较小,为 27.64%,其余统计区间的年化波动率中位数主要集中于 34.95% ~ 39.27%。

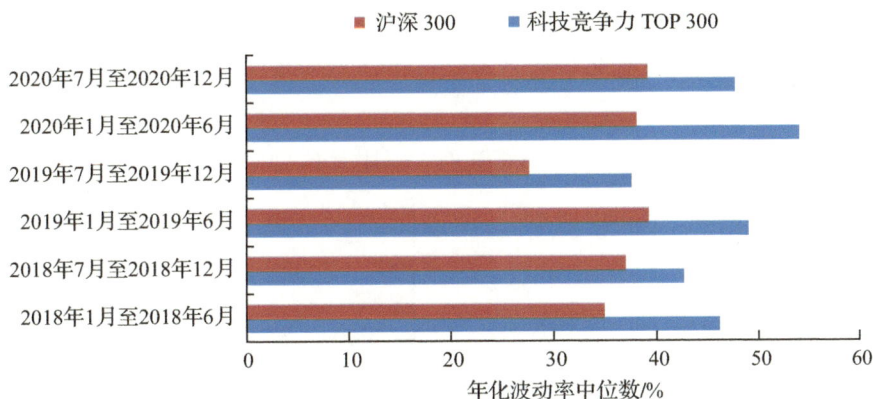

图 3-11　2018—2020 年"科技竞争力 TOP 300"与"沪深 300"年化波动率中位数

表 3-13　2018—2020 年"科技竞争力 TOP 300"与"沪深 300"年化波动率中位数

统计区间	"科技竞争力 TOP 300"	"沪深 300"
2018 年 1 月至 2018 年 6 月	46.15%	34.95%
2018 年 7 月至 2018 年 12 月	42.69%	36.99%
2019 年 1 月至 2019 年 6 月	48.97%	39.27%
2019 年 7 月至 2019 年 12 月	37.57%	27.64%
2020 年 1 月至 2020 年 6 月	54.03%	38.05%
2020 年 7 月至 2020 年 12 月	47.65%	39.16%

　　图 3-12 显示的是 2018—2020 年"科技竞争力 TOP 300"与"沪深 300"年化收益率中位数,具体数值如表 3-14 所示。如图 3-12 所示,"科技竞争力 TOP 300"及"沪深 300"的年化收益率正负趋势基本保持一致,且当"科技竞争力 TOP 300"年化收益率为正时,其年化收益率也比"沪深 300"更高;

当年化收益率为负时，如 2018 年，"科技竞争力 TOP 300"上市企业的亏钱效应也更加明显。2018 年下半年，"沪深 300"及"科技竞争力 TOP 300"上市企业的年化收益率中位数均为负，其中，"科技竞争力 TOP 300"上市企业的年化收益率中位数为 –37.26%，"沪深 300"则为 –23.41%。随着股市整体波动，2019 年上半年，"科技竞争力 TOP 300"的年化收益率中位数则实现反超，达到 49.92%，显著高于"沪深 300"上市企业中位数 39.41%。因此，在市场表现方面，与"沪深 300"上市企业相比，"科技竞争力 TOP 300"的年化波动率更大，同时，其年化收益率的稳定性也不及"沪深 300"。

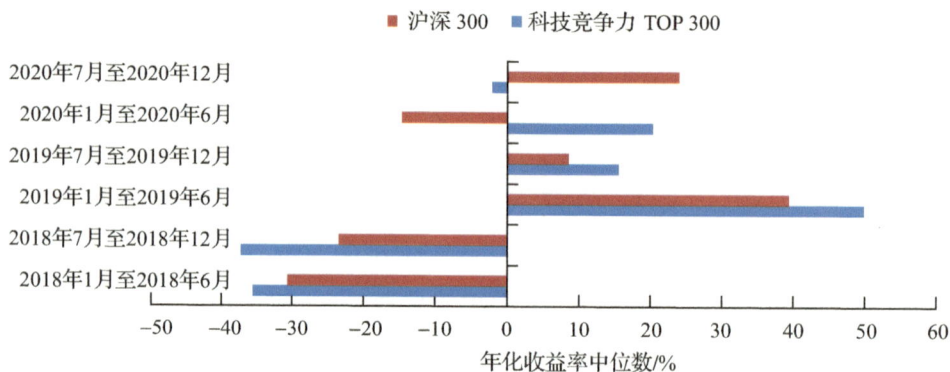

图 3-12　2018—2020 年"科技竞争力 TOP 300"与"沪深 300"年化收益率中位数

表 3-14　2018—2020 年"科技竞争力 TOP 300"与"沪深 300"年化收益率中位数

统计区间	"科技竞争力 TOP 300"	"沪深 300"
2018 年 1 月至 2018 年 6 月	−35.54%	−30.62%
2018 年 7 月至 2018 年 12 月	−37.26%	−23.41%
2019 年 1 月至 2019 年 6 月	49.92%	39.41%
2019 年 7 月至 2019 年 12 月	15.54%	8.55%
2020 年 1 月至 2020 年 6 月	20.33%	−14.61%
2020 年 7 月至 2020 年 12 月	−2.07%	23.99%

第 4 章 "科技竞争力 TOP 300" 重点行业分析

本章依据第 2.3.1 小节中"科技竞争力 TOP 300"核心上市企业按证监会大类行业的分布情况，选取其中核心上市企业数量最多的 4 个行业为代表，从市值规模、盈利能力、研发投入、成长性、竞争性、创新力和市场表现 7 个方面出发，对 2020 年上述行业中"科技竞争力 TOP 300"核心上市企业及其行业平均水平进行对比，以深度剖析"科技竞争力 TOP 300"核心上市企业的行业优势。为消除个别企业单年度数据出现异常值带来的影响，本报告采用中位数来表征行业平均水平。

4.1 计算机、通信和其他电子设备制造业

4.1.1 市值规模分析

在市值规模指标方面，本报告拟采用"总市值"和"自由流通市值"两个指标来表征。2020 年，计算机、通信和其他电子设备制造业中"科技竞争力 TOP 300"核心上市企业的总市值、自由流通市值及其行业中位数如图 4-1 和图 4-2 所示，具体数值及排名见表 4-1 和表 4-2，统计截止日期为 2020 年 12 月 31 日。

从图 4-1 和表 4-1 可以看出，在总市值方面，绝大多数"科技竞争力 TOP 300"核心上市企业的总市值规模都高于行业中位数，且以海康威视尤为显著，截至 2020 年 12 月 31 日，其总市值规模高达 4532.49 亿元，位列行业之首，且远超其后的京东方 A、中兴通讯和歌尔股份。同样，在自由流通市值方面（图 4-2、表 4-2），海康威视同样以高达 1711.21 亿元的自由流通市

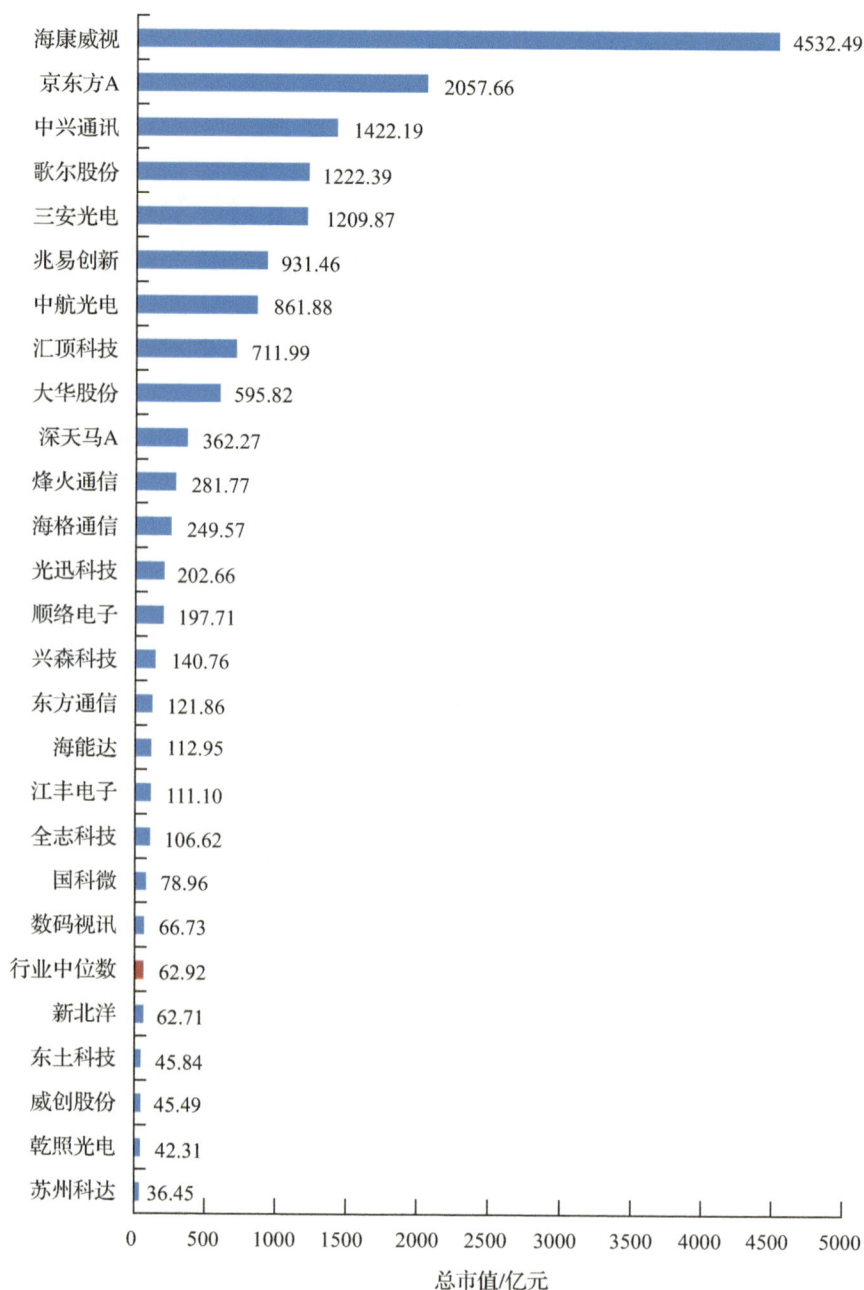

企业	总市值/亿元
海康威视	4532.49
京东方A	2057.66
中兴通讯	1422.19
歌尔股份	1222.39
三安光电	1209.87
兆易创新	931.46
中航光电	861.88
汇顶科技	711.99
大华股份	595.82
深天马A	362.27
烽火通信	281.77
海格通信	249.57
光迅科技	202.66
顺络电子	197.71
兴森科技	140.76
东方通信	121.86
海能达	112.95
江丰电子	111.10
全志科技	106.62
国科微	78.96
数码视讯	66.73
行业中位数	62.92
新北洋	62.71
东土科技	45.84
威创股份	45.49
乾照光电	42.31
苏州科达	36.45

图 4-1　2020 年计算机、通信和其他电子设备制造业"科技竞争力 TOP 300"核心上市企业总市值及行业中位数

表 4-1　2020 年计算机、通信和其他电子设备制造业 "科技竞争力 TOP 300" 核心上市企业总市值及排名

证券代码	证券简称	总市值 / 亿元	排名
002415.SZ	海康威视	4532.49	1
000725.SZ	京东方 A	2057.66	5
000063.SZ	中兴通讯	1422.19	7
002241.SZ	歌尔股份	1222.39	10
600703.SH	三安光电	1209.87	12
603986.SH	兆易创新	931.46	17
002179.SZ	中航光电	861.88	18
603160.SH	汇顶科技	711.99	24
002236.SZ	大华股份	595.82	32
000050.SZ	深天马 A	362.27	50
600498.SH	烽火通信	281.77	67
002465.SZ	海格通信	249.57	77
002281.SZ	光迅科技	202.66	92
002138.SZ	顺络电子	197.71	97
002436.SZ	兴森科技	140.76	113
600776.SH	东方通信	121.86	126
002583.SZ	海能达	112.95	130
300666.SZ	江丰电子	111.10	132
300458.SZ	全志科技	106.62	140
300672.SZ	国科微	78.96	178
300079.SZ	数码视讯	66.73	202
002376.SZ	新北洋	62.71	212
300353.SZ	东土科技	45.84	271
002308.SZ	威创股份	45.49	275
300102.SZ	乾照光电	42.31	297
603660.SH	苏州科达	36.45	323

企业	自由流通市值
海康威视	1711.21
京东方A	1635.04
歌尔股份	1040.81
中兴通讯	821.32
兆易创新	632.18
三安光电	605.46
中航光电	407.15
汇顶科技	332.53
大华股份	319.72
海格通信	179.08
烽火通信	153.50
顺络电子	151.21
深天马A	125.74
光迅科技	107.89
兴森科技	106.96
全志科技	69.35
数码视讯	59.15
江丰电子	53.31
海能达	50.94
东方通信	48.63
乾照光电	41.42
新北洋	40.51
东土科技	33.10
国科微	31.86
行业中位数	30.50
威创股份	29.90
苏州科达	26.60

自由流通市值/亿元

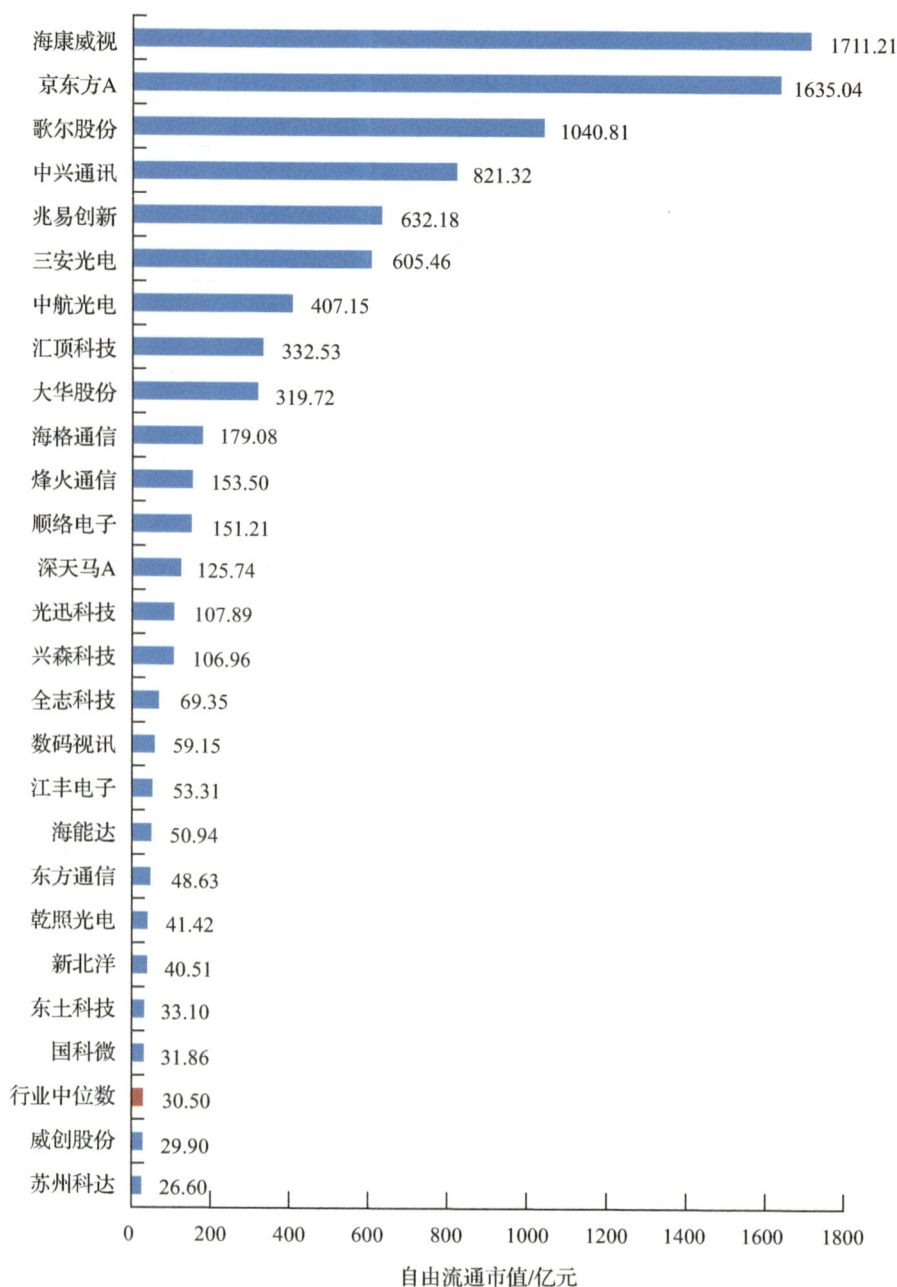

图 4-2　2020 年计算机、通信和其他电子设备制造业"科技竞争力 TOP 300"核心上市企
业自由流通市值及行业中位数

表 4-2   2020 年计算机、通信和其他电子设备制造业 "科技竞争力 TOP 300" 核心上市企业自由流通市值及排名

证券代码	证券简称	自由流通市值 / 亿元	排名
002415.SZ	海康威视	1711.21	2
000725.SZ	京东方 A	1635.04	3
002241.SZ	歌尔股份	1040.81	4
000063.SZ	中兴通讯	821.32	6
603986.SH	兆易创新	632.18	8
600703.SH	三安光电	605.46	9
002179.SZ	中航光电	407.15	15
603160.SH	汇顶科技	332.53	21
002236.SZ	大华股份	319.72	24
002465.SZ	海格通信	179.08	48
600498.SH	烽火通信	153.50	57
002138.SZ	顺络电子	151.21	59
000050.SZ	深天马 A	125.74	67
002281.SZ	光迅科技	107.89	79
002436.SZ	兴森科技	106.96	80
300458.SZ	全志科技	69.35	118
300079.SZ	数码视讯	59.15	130
300666.SZ	江丰电子	53.31	138
002583.SZ	海能达	50.94	142
600776.SH	东方通信	48.63	150
300102.SZ	乾照光电	41.42	167
002376.SZ	新北洋	40.51	171
300353.SZ	东土科技	33.10	195
300672.SZ	国科微	31.86	203
002308.SZ	威创股份	29.90	216
603660.SH	苏州科达	26.60	235

值高居行业第二。事实上，海康威视依托数字经济的蓬勃发展，依托业务、产品和技术创新，打造了较为成熟的设备开放＋平台开放＋数据开放＋应用开放的赋能体系和详细的细分领域产品体系。在创新业务方面，海康威视推出了萤石物流云平台、海康机器人、海康汽车电子、海康微影、智慧存储、海康睿影、海康慧影等，这些创新业务大多依托于以物联感知、人工智能、大数据为核心的技术体系，在同类型企业中具有极强的竞争优势。

4.1.2　盈利能力分析

盈利能力通常指企业在一定时期内赚取利润的能力。在本报告中，上市企业的盈利能力分析主要涉及营业收入、营业利润、净资产收益率等指标。2020 年，计算机、通信和其他电子设备制造业"科技竞争力 TOP 300"核心上市企业的营业收入、营业利润、净资产收益率及其行业中位数如图 4-3 至图 4-5 所示，具体数值及排名见表 4-3 至表 4-5。

从图 4-3 和表 4-3 可以看出，整体而言，该行业中大多数"科技竞争力 TOP 300"核心上市企业的营业收入都高于行业中位数，且以京东方 A、中兴通讯和海康威视尤为显著。其中，京东方 A 以高达约 1355.53 亿元的营业收入位列行业第 2 名，远超同行业的其他企业，中兴通讯则以约 1014.51 亿元的营业收入紧随其后，位列行业第三。

从图 4-4 和表 4-4 可以看出，在营业利润方面，大多数计算机、通信和其他电子设备制造业中的"科技竞争力 TOP 300"核心上市企业都优于行业中位数，且仍然以海康威视、京东方 A 和中兴通讯这 3 家企业表现最佳。值得一提的是，营业收入仅位列行业第八的海康威视，以高达约 151.97 亿元的营业利润位列行业第二，远高于营业收入排名行业第 2 位、第 3 位的京东方 A 和中兴通讯。经查证年报发现，尽管海康威视和京东方 A 同属于一个行业，但其主营业务构成截然不同。年报显示，2020 年，京东方 A 的显示事业占其营业收入的 97.36%，而海康威视则以前端产品，如视频产品、视频服务等，为主要营业收入来源，其比重为 45.42%，业务性质的不同也导致京东方 A 的营业成本支出远高于海康威视，二者在 2020 年营业成本上相差高达 748.65 亿元。

京东方A	13 555 256.97
中兴通讯	10 145 067.00
海康威视	6 350 345.09
歌尔股份	5 774 274.29
深天马A	2 923 274.51
大华股份	2 646 596.82
烽火通信	2 107 443.73
中航光电	1 030 522.24
三安光电	845 388.28
汇顶科技	668 727.55
海能达	610 922.09
光迅科技	604 601.71
海格通信	512 206.48
兆易创新	449 689.49
兴森科技	403 465.52
顺络电子	347 660.91
东方通信	296 678.58
新北洋	239 593.19
苏州科达	235 377.65
全志科技	150 548.59
行业中位数	142 551.89
乾照光电	131 571.98
江丰电子	116 654.26
数码视讯	98 666.79
国科微	73 093.44
威创股份	64 083.90
东土科技	53 496.00

0　2 000 000　4 000 000　6 000 000　8 000 000　10 000 000　12 000 000　14 000 000　16 000 000

营业收入/万元

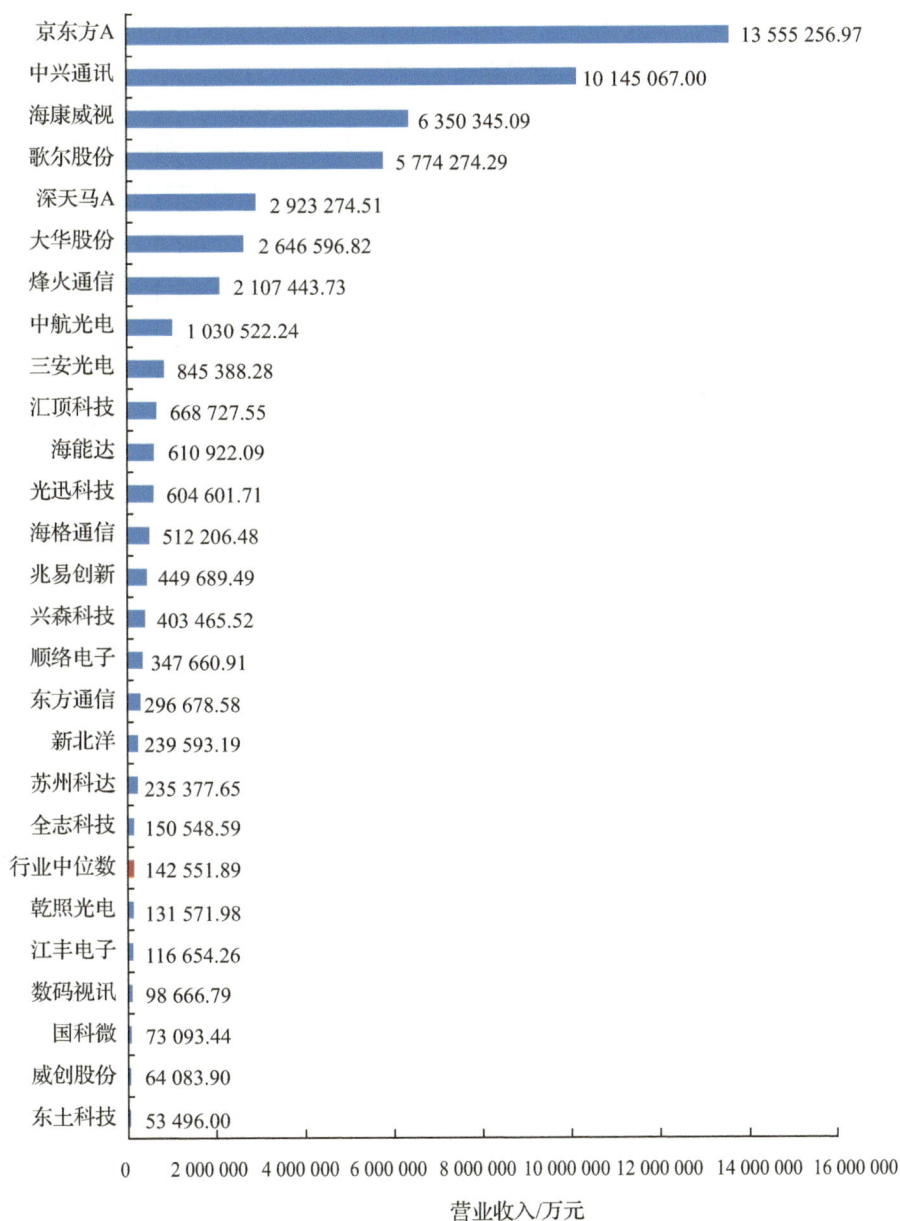

图 4-3　2020 年计算机、通信和其他电子设备制造业"科技竞争力 TOP 300"核心上市企业营业收入及行业中位数

表 4-3 2020 年计算机、通信和其他电子设备制造业"科技竞争力 TOP 300"核心上市企业营业收入及排名

证券代码	证券简称	营业收入 / 万元	排名
000725.SZ	京东方 A	13 555 256.97	2
000063.SZ	中兴通讯	10 145 067.00	3
002415.SZ	海康威视	6 350 345.09	8
002241.SZ	歌尔股份	5 774 274.29	11
000050.SZ	深天马 A	2 923 274.51	20
002236.SZ	大华股份	2 646 596.82	24
600498.SH	烽火通信	2 107 443.73	28
002179.SZ	中航光电	1 030 522.24	43
600703.SH	三安光电	845 388.28	53
603160.SH	汇顶科技	668 727.55	67
002583.SZ	海能达	610 922.09	72
002281.SZ	光迅科技	604 601.71	75
002465.SZ	海格通信	512 206.48	84
603986.SH	兆易创新	449 689.49	91
002436.SZ	兴森科技	403 465.52	100
002138.SZ	顺络电子	347 660.91	116
600776.SH	东方通信	296 678.58	133
002376.SZ	新北洋	239 593.19	158
603660.SH	苏州科达	235 377.65	159
300458.SZ	全志科技	150 548.59	217
300102.SZ	乾照光电	131 571.98	236
300666.SZ	江丰电子	116 654.26	257
300079.SZ	数码视讯	98 666.79	281
300672.SZ	国科微	73 093.44	318
002308.SZ	威创股份	64 083.90	336
300353.SZ	东土科技	53 496.00	361

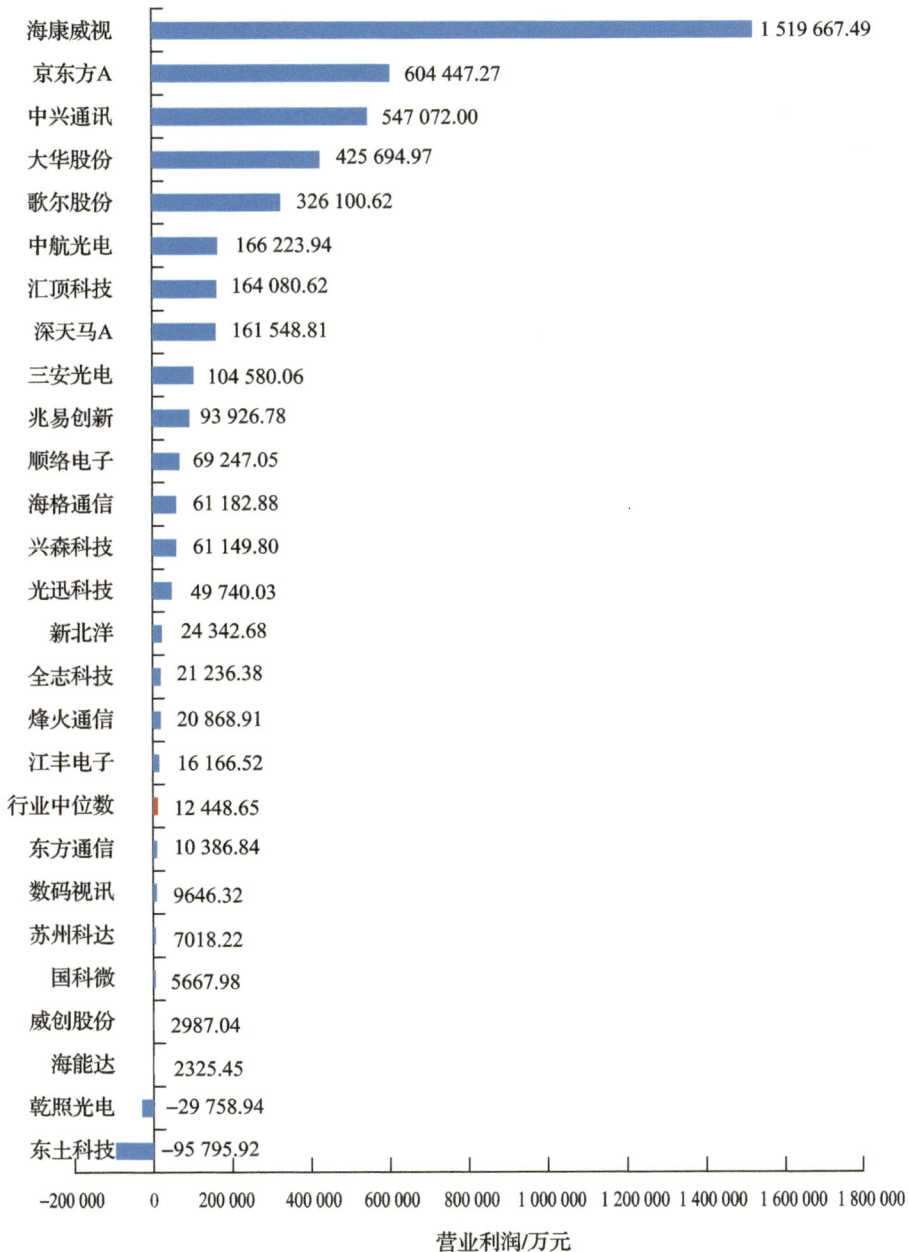

企业	营业利润/万元
海康威视	1 519 667.49
京东方A	604 447.27
中兴通讯	547 072.00
大华股份	425 694.97
歌尔股份	326 100.62
中航光电	166 223.94
汇顶科技	164 080.62
深天马A	161 548.81
三安光电	104 580.06
兆易创新	93 926.78
顺络电子	69 247.05
海格通信	61 182.88
兴森科技	61 149.80
光迅科技	49 740.03
新北洋	24 342.68
全志科技	21 236.38
烽火通信	20 868.91
江丰电子	16 166.52
行业中位数	12 448.65
东方通信	10 386.84
数码视讯	9646.32
苏州科达	7018.22
国科微	5667.98
威创股份	2987.04
海能达	2325.45
乾照光电	-29 758.94
东土科技	-95 795.92

图 4-4　2020 年计算机、通信和其他电子设备制造业"科技竞争力 TOP 300"核心上市企业营业利润及行业中位数

表 4-4 **2020 年计算机、通信和其他电子设备制造业"科技竞争力 TOP 300"核心上市企业营业利润及排名**

证券代码	证券简称	营业利润 / 万元	排名
002415.SZ	海康威视	1 519 667.49	2
000725.SZ	京东方 A	604 447.27	4
000063.SZ	中兴通讯	547 072.00	6
002236.SZ	大华股份	425 694.97	9
002241.SZ	歌尔股份	326 100.62	12
002179.SZ	中航光电	166 223.94	26
603160.SH	汇顶科技	164 080.62	27
000050.SZ	深天马 A	161 548.81	30
600703.SH	三安光电	104 580.06	43
603986.SH	兆易创新	93 926.78	50
002138.SZ	顺络电子	69 247.05	58
002465.SZ	海格通信	61 182.88	66
002436.SZ	兴森科技	61 149.80	67
002281.SZ	光迅科技	49 740.03	79
002376.SZ	新北洋	24 342.68	134
300458.SZ	全志科技	21 236.38	148
600498.SH	烽火通信	20 868.91	152
300666.SZ	江丰电子	16 166.52	188
600776.SH	东方通信	10 386.84	254
300079.SZ	数码视讯	9646.32	265
603660.SH	苏州科达	7018.22	305
300672.SZ	国科微	5667.98	318
002308.SZ	威创股份	2987.04	360
002583.SZ	海能达	2325.45	370
300102.SZ	乾照光电	−29 758.94	422
300353.SZ	东土科技	−95 795.92	443

　　进一步对比上述企业在净资产收益率方面的表现（图 4-5、表 4-5）可以看到，该行业的"科技竞争力 TOP 300"核心上市企业净资产收益率参差不齐，仅 11 家企业的净资产收益率高于行业中位数。其中，在营业收入和营业利润方面表现较好的"科技竞争力 TOP 300"核心上市企业中，仅海康威视、大华股份、中航光电、歌尔股份、中兴通讯等企业的净资产收益率高于行业平均水平。

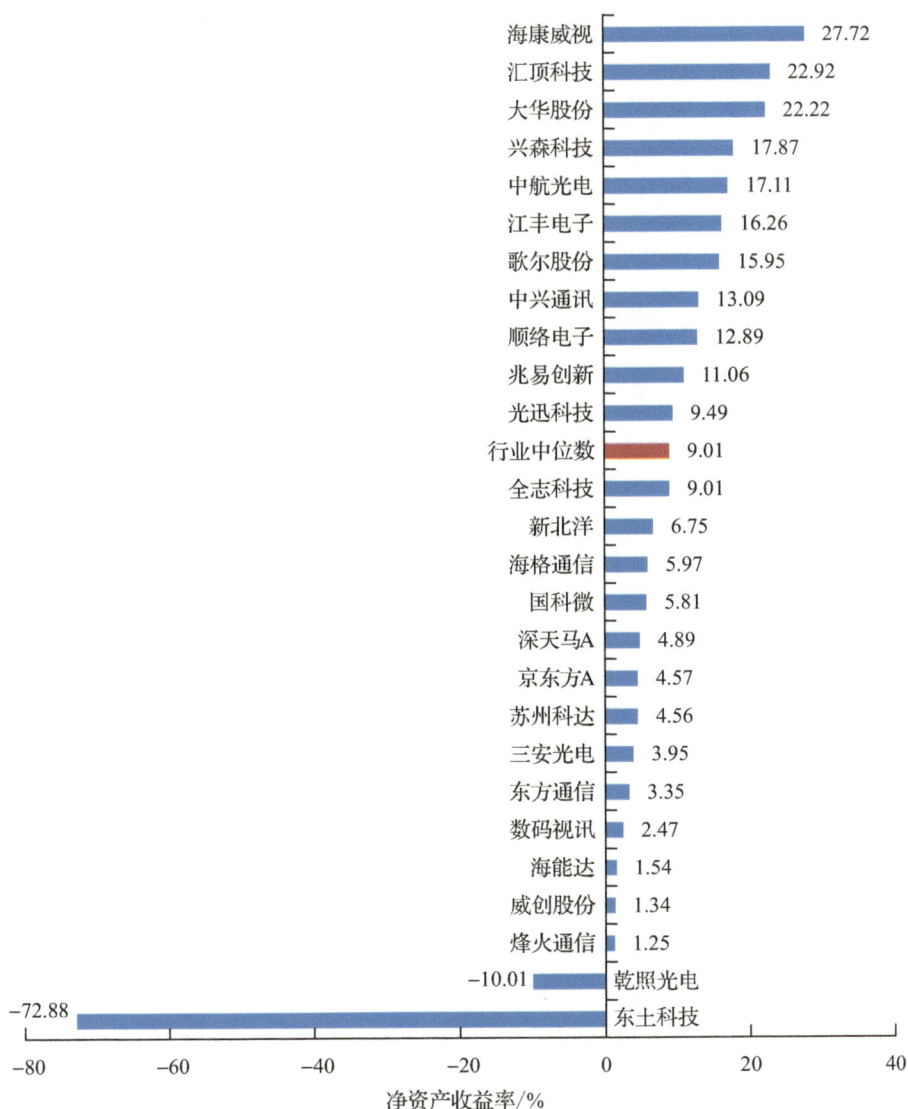

图 4-5　2020 年计算机、通信和其他电子设备制造业"科技竞争力 TOP 300"核心上市企业净资产收益率及行业中位数

表 4-5 **2020 年计算机、通信和其他电子设备制造业"科技竞争力 TOP 300"核心上市企业净资产收益率及排名**

证券代码	证券简称	净资产收益率 /%	排名
002415.SZ	海康威视	27.72	27
603160.SH	汇顶科技	22.92	44
002236.SZ	大华股份	22.22	48
002436.SZ	兴森科技	17.87	76
002179.SZ	中航光电	17.11	82
300666.SZ	江丰电子	16.26	91
002241.SZ	歌尔股份	15.95	97
000063.SZ	中兴通讯	13.09	147
002138.SZ	顺络电子	12.89	149
603986.SH	兆易创新	11.06	179
002281.SZ	光迅科技	9.49	219
300458.SZ	全志科技	9.01	227
002376.SZ	新北洋	6.75	269
002465.SZ	海格通信	5.97	285
300672.SZ	国科微	5.81	288
000050.SZ	深天马 A	4.89	308
000725.SZ	京东方 A	4.57	317
603660.SH	苏州科达	4.56	318
600703.SH	三安光电	3.95	332
600776.SH	东方通信	3.35	344
300079.SZ	数码视讯	2.47	363
002583.SZ	海能达	1.54	391
002308.SZ	威创股份	1.34	392
600498.SH	烽火通信	1.25	394
300102.SZ	乾照光电	−10.01	420
300353.SZ	东土科技	−72.88	448

4.1.3 研发投入分析

2020 年，计算机、通信和其他电子设备制造业"科技竞争力 TOP 300"核心上市企业的研发支出合计、研发支出总额占营业收入比例及其行业中位数如图 4-6 和图 4-7 所示，具体数值及排名见表 4-6 和表 4-7。

如图 4-6 和表 4-6 所示，整体而言，该行业中大多数"科技竞争力 TOP 300"核心上市企业的研发投入规模都高于行业中位数，且以中兴通讯尤为显著，其 2020 年研发支出合计高达约 147.97 亿元，位列行业第一，且远超其后的京东方 A 和海康威视。这表明，上述企业均为对科技创新十分重视的科技型企业。

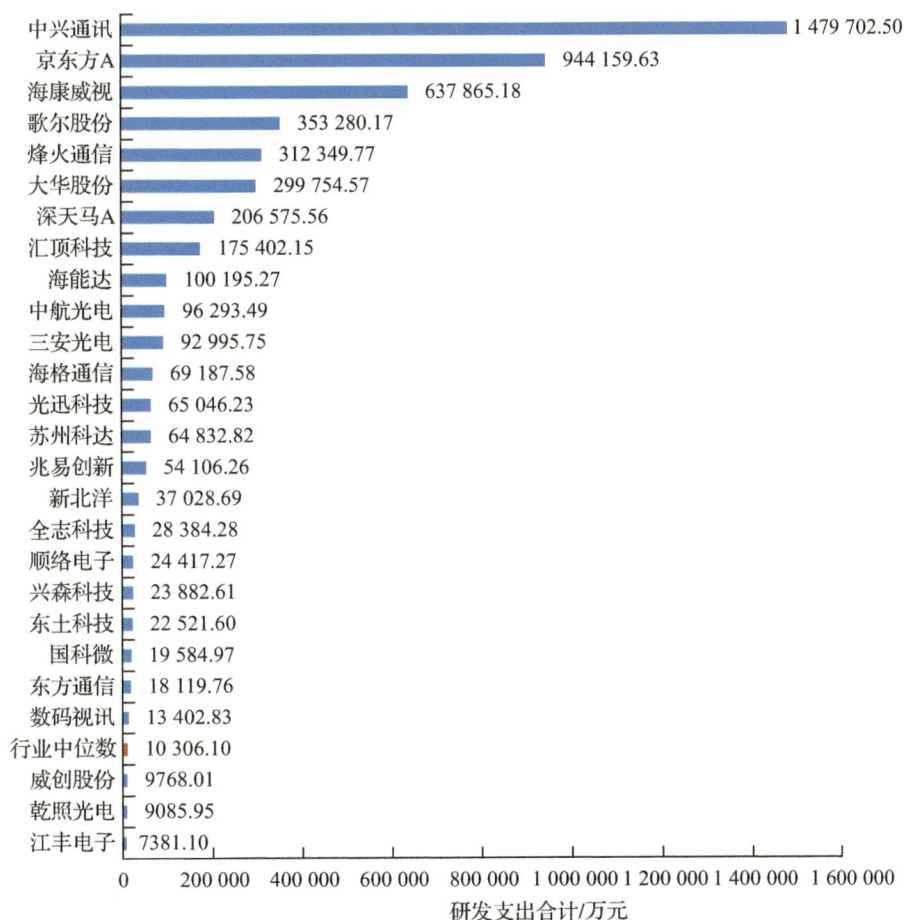

企业	研发支出合计/万元
中兴通讯	1 479 702.50
京东方A	944 159.63
海康威视	637 865.18
歌尔股份	353 280.17
烽火通信	312 349.77
大华股份	299 754.57
深天马A	206 575.56
汇顶科技	175 402.15
海能达	100 195.27
中航光电	96 293.49
三安光电	92 995.75
海格通信	69 187.58
光迅科技	65 046.23
苏州科达	64 832.82
兆易创新	54 106.26
新北洋	37 028.69
全志科技	28 384.28
顺络电子	24 417.27
兴森科技	23 882.61
东土科技	22 521.60
国科微	19 584.97
东方通信	18 119.76
数码视讯	13 402.83
行业中位数	10 306.10
威创股份	9768.01
乾照光电	9085.95
江丰电子	7381.10

图 4-6 2020 年计算机、通信和其他电子设备制造业"科技竞争力 TOP 300"核心上市企业研发支出合计及行业中位数

表 4-6　2020 年计算机、通信和其他电子设备制造业"科技竞争力 TOP 300"核心上市企业研发支出合计及排名

证券代码	证券简称	研发支出合计／万元	排名
000063.SZ	中兴通讯	1 479 702.50	1
000725.SZ	京东方 A	944 159.63	3
002415.SZ	海康威视	637 865.18	5
002241.SZ	歌尔股份	353 280.17	9
600498.SH	烽火通信	312 349.77	10
002236.SZ	大华股份	299 754.57	11
000050.SZ	深天马 A	206 575.56	17
603160.SH	汇顶科技	175 402.15	21
002583.SZ	海能达	100 195.27	32
002179.SZ	中航光电	96 293.49	33
600703.SH	三安光电	92 995.75	35
002465.SZ	海格通信	69 187.58	44
002281.SZ	光迅科技	65 046.23	47
603660.SH	苏州科达	64 832.82	48
603986.SH	兆易创新	54 106.26	57
002376.SZ	新北洋	37 028.69	75
300458.SZ	全志科技	28 384.28	101
002138.SZ	顺络电子	24 417.27	116
002436.SZ	兴森科技	23 882.61	118
300353.SZ	东土科技	22 521.60	126
300672.SZ	国科微	19 584.97	146
600776.SH	东方通信	18 119.76	157
300079.SZ	数码视讯	13 402.83	187
002308.SZ	威创股份	9768.01	236
300102.SZ	乾照光电	9085.95	242
300666.SZ	江丰电子	7381.10	282

　　相比之下，在研发支出总额占营业收入比例方面（图 4-7、表 4-7），该行业中大多数的"科技竞争力 TOP 300"核心上市企业均高于行业中位数，但表现仍然参差不齐，诸多在市值规模、盈利能力等指标方面表现较强的企业，如京东方 A、歌尔股份等，其研发支出总额占营业收入比例仅为6% ～ 7%，而市值规模较小、盈利能力相对较弱的企业，如东土科技，则在研发支出总额占营业收入比例上表现最为突出，高达 42.10%。

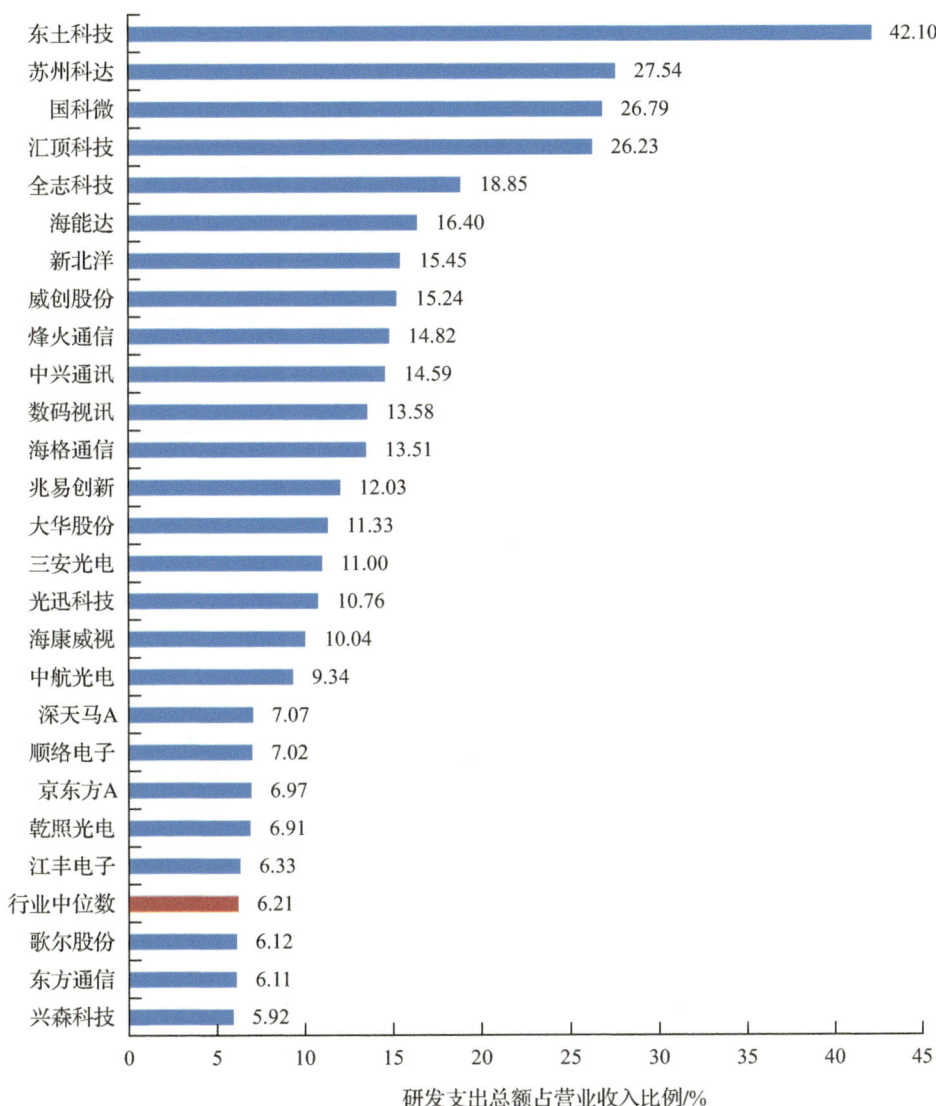

企业	研发支出总额占营业收入比例/%
东土科技	42.10
苏州科达	27.54
国科微	26.79
汇顶科技	26.23
全志科技	18.85
海能达	16.40
新北洋	15.45
威创股份	15.24
烽火通信	14.82
中兴通讯	14.59
数码视讯	13.58
海格通信	13.51
兆易创新	12.03
大华股份	11.33
三安光电	11.00
光迅科技	10.76
海康威视	10.04
中航光电	9.34
深天马A	7.07
顺络电子	7.02
京东方A	6.97
乾照光电	6.91
江丰电子	6.33
行业中位数	6.21
歌尔股份	6.12
东方通信	6.11
兴森科技	5.92

研发支出总额占营业收入比例/%

图 4-7　2020 年计算机、通信和其他电子设备制造业"科技竞争力 TOP 300"核心上市企业研发支出总额占营业收入比例及行业中位数

表 4-7　2020 年计算机、通信和其他电子设备制造业"科技竞争力 TOP 300"核心上市企业研发支出总额占营业收入比例及排名

证券代码	证券简称	研发支出总额占营业收入比例 /%	排名
300353.SZ	东土科技	42.10	5
603660.SH	苏州科达	27.54	9
300672.SZ	国科微	26.79	11
603160.SH	汇顶科技	26.23	13
300458.SZ	全志科技	18.85	26
002583.SZ	海能达	16.40	38
002376.SZ	新北洋	15.45	49
002308.SZ	威创股份	15.24	50
600498.SH	烽火通信	14.82	56
000063.SZ	中兴通讯	14.59	61
300079.SZ	数码视讯	13.58	68
002465.SZ	海格通信	13.51	69
603986.SH	兆易创新	12.03	90
002236.SZ	大华股份	11.33	98
600703.SH	三安光电	11.00	105
002281.SZ	光迅科技	10.76	107
002415.SZ	海康威视	10.04	124
002179.SZ	中航光电	9.34	141
000050.SZ	深天马 A	7.07	192
002138.SZ	顺络电子	7.02	195
000725.SZ	京东方 A	6.97	196
300102.SZ	乾照光电	6.91	199

续表

证券代码	证券简称	研发支出总额占营业收入比例 /%	排名
300666.SZ	江丰电子	6.33	221
002241.SZ	歌尔股份	6.12	232
600776.SH	东方通信	6.11	233
002436.SZ	兴森科技	5.92	251

4.1.4　成长性分析

在成长性指标方面，本报告主要采用"归属母公司股东的净利润（同比增长率）"来表征。2020 年，计算机、通信和其他电子设备制造业"科技竞争力 TOP 300"核心上市企业归属母公司股东的净利润（同比增长率）及其行业中位数如图 4-8 所示，具体数值及排名见表 4-8。如图 4-8 和表 4-8 所示，整体而言，该行业的"科技竞争力 TOP 300"核心上市企业在成长性指标上参差不齐，仅有半数的企业在成长性上优于行业中位数。其中，成长性最好的京东方 A 以 162.46% 归属母公司股东的净利润（同比增长率）列行业第 31 位，紧随其后的江丰电子和歌尔股份这两家企业的归属母公司股东的净利润（同比增长率）也均达到 120% 以上。相比之下，海康威视、中兴通讯这两家在行业内市值规模、盈利能力和研发投入等方面均具有明显优势的企业，其成长性指标则相对较低。当然，从该行业上市企业归属母公司股东的净利润（同比增长率）高达 17.10% 的中位数也可以看出，计算机、通信和其他电子设备制造业的上市企业普遍处于快速成长期，是处于蓬勃发展中的新兴产业。

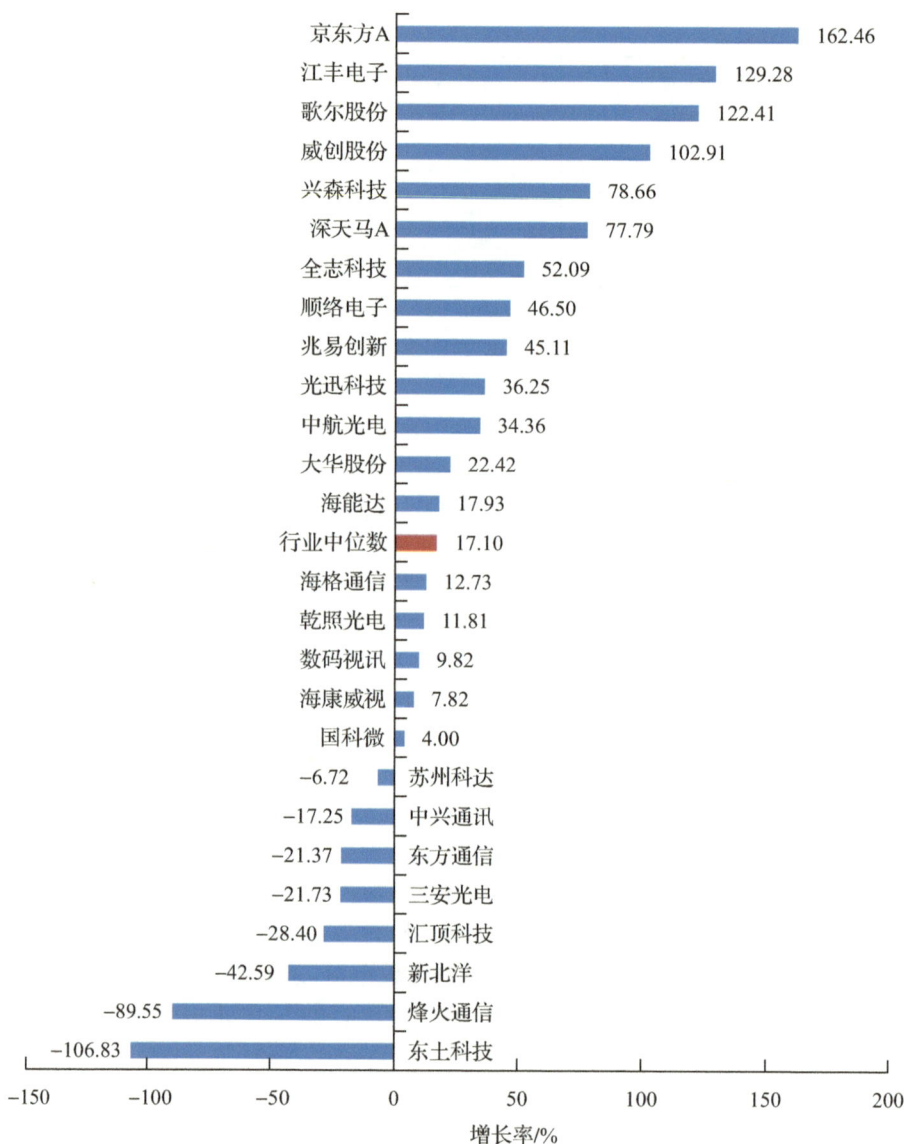

图 4-8 2020 年计算机、通信和其他电子设备制造业"科技竞争力 TOP 300"核心上市企业归属母公司股东的净利润（同比增长率）及行业中位数

表 4-8   2020 年计算机、通信和其他电子设备制造业"科技竞争力 TOP 300"核心上市企业归属母公司股东的净利润（同比增长率）及排名

证券代码	证券简称	归属母公司股东的净利润（同比增长率）/%	排名
000725.SZ	京东方 A	162.46	31
300666.SZ	江丰电子	129.28	52
002241.SZ	歌尔股份	122.41	64
002308.SZ	威创股份	102.91	86
002436.SZ	兴森科技	78.66	104
000050.SZ	深天马 A	77.79	105
300458.SZ	全志科技	52.09	138
002138.SZ	顺络电子	46.50	151
603986.SH	兆易创新	45.11	156
002281.SZ	光迅科技	36.25	170
002179.SZ	中航光电	34.36	173
002236.SZ	大华股份	22.42	205
002583.SZ	海能达	17.93	223
002465.SZ	海格通信	12.73	238
300102.SZ	乾照光电	11.81	243
300079.SZ	数码视讯	9.82	252
002415.SZ	海康威视	7.82	258
300672.SZ	国科微	4.00	271
603660.SH	苏州科达	−6.72	303
000063.SZ	中兴通讯	−17.25	326
600776.SH	东方通信	−21.37	332
600703.SH	三安光电	−21.73	335

证券代码	证券简称	归属母公司股东的净利润（同比增长率）/%	排名
603160.SH	汇顶科技	−28.40	350
002376.SZ	新北洋	−42.59	376
600498.SH	烽火通信	−89.55	418
300353.SZ	东土科技	−106.83	421

4.1.5　竞争性分析

本报告主要采用"技术竞争强度"指标来表征企业的竞争性。2020 年，计算机、通信和其他电子设备制造业"科技竞争力 TOP 300"核心上市企业技术竞争强度及其行业中位数如图 4–9 所示，具体数值及排名见表 4–9。如图 4–9 和表 4–9 所示，整体而言，除三安光电和新北洋以外，绝大多数"科技竞争力 TOP 300"核心上市企业的技术竞争强度都高于行业中位数，且以京东方 A、深天马 A 和中兴通讯尤为显著。其中，京东方 A 以高达 0.9174 的技术竞争强度高居行业第 2 位，深天马 A 和中兴通讯则分别以 0.8656 和 0.8382 的技术竞争强度分列行业第 4 位和第 7 位。

企业	技术竞争强度
京东方A	0.9174
深天马A	0.8656
中兴通讯	0.8382
中航光电	0.7586
全志科技	0.7487
兴森科技	0.7358
东土科技	0.7218
乾照光电	0.7081
海康威视	0.6971
海格通信	0.6892
苏州科达	0.6881
数码视讯	0.6778
烽火通信	0.6776
大华股份	0.6718
兆易创新	0.6666
国科微	0.6654
威创股份	0.6610
海能达	0.6551
歌尔股份	0.6426
江丰电子	0.6312
光迅科技	0.6195
汇顶科技	0.5750
东方通信	0.5612
顺络电子	0.5192
行业中位数	0.5036
新北洋	0.5020
三安光电	0

技术竞争强度

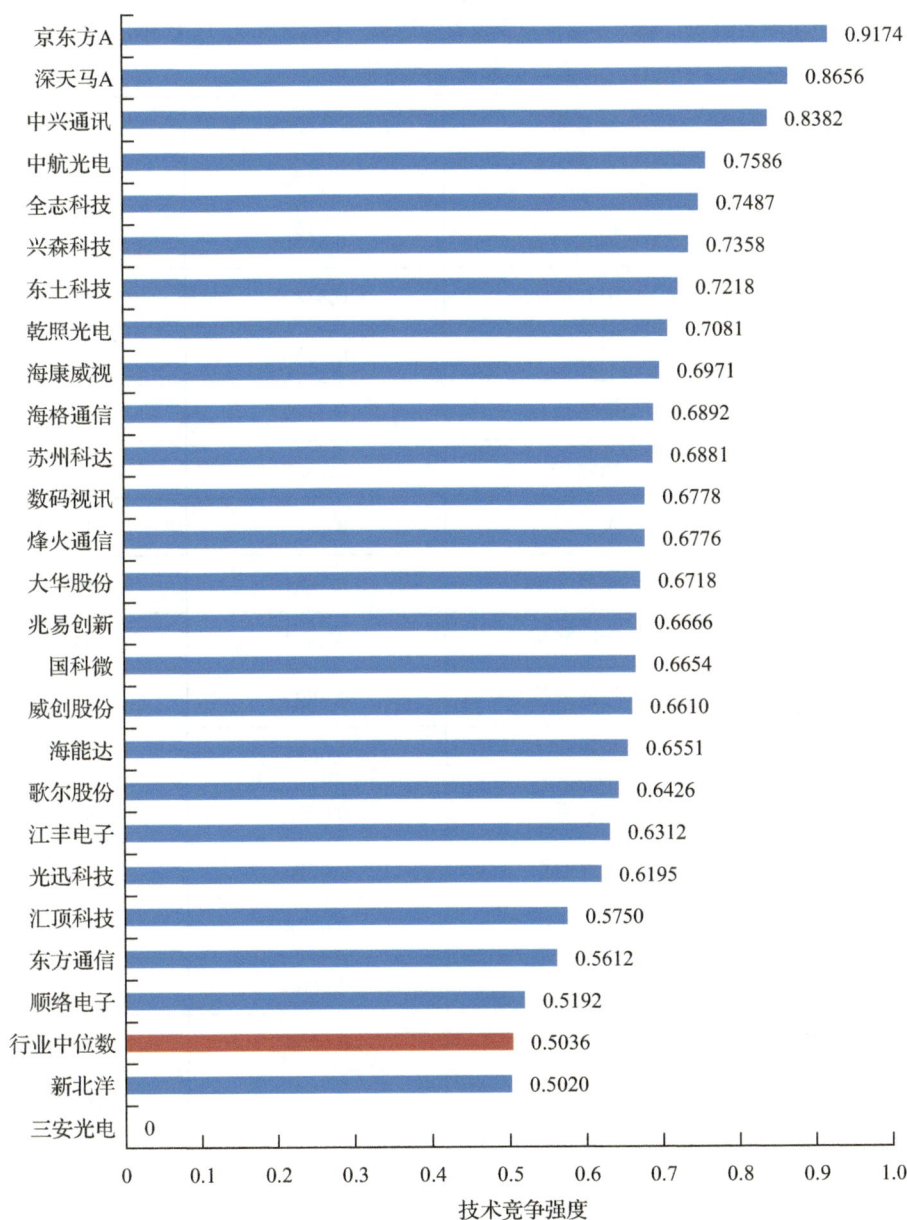

图 4-9 2020 年计算机、通信和其他电子设备制造业 "科技竞争力 TOP 300" 核心上市企业技术竞争强度及行业中位数

表 4-9　**2020 年计算机、通信和其他电子设备制造业"科技竞争力 TOP 300"核心上市企业技术竞争强度及排名**

证券代码	证券简称	技术竞争强度	排名
000725.SZ	京东方 A	0.9174	2
000050.SZ	深天马 A	0.8656	4
000063.SZ	中兴通讯	0.8382	7
002179.SZ	中航光电	0.7586	27
300458.SZ	全志科技	0.7487	31
002436.SZ	兴森科技	0.7358	38
300353.SZ	东土科技	0.7218	47
300102.SZ	乾照光电	0.7081	56
002415.SZ	海康威视	0.6971	63
002465.SZ	海格通信	0.6892	71
603660.SH	苏州科达	0.6881	72
300079.SZ	数码视讯	0.6778	83
600498.SH	烽火通信	0.6776	84
002236.SZ	大华股份	0.6718	89
603986.SH	兆易创新	0.6666	95
300672.SZ	国科微	0.6654	96
002308.SZ	威创股份	0.6610	100
002583.SZ	海能达	0.6551	106
002241.SZ	歌尔股份	0.6426	124
300666.SZ	江丰电子	0.6312	129
002281.SZ	光迅科技	0.6195	134
603160.SH	汇顶科技	0.5750	163

续表

证券代码	证券简称	技术竞争强度	排名
600776.SH	东方通信	0.5612	175
002138.SZ	顺络电子	0.5192	209
002376.SZ	新北洋	0.5020	228
600703.SH	三安光电	0	437

4.1.6　创新力分析

在创新力指标方面，本报告拟采用"核心发明专利数量"指标来表征。"核心发明专利"主要指企业申请的专利中法律状态仍然有效的发明专利。截至2020年，计算机、通信和其他电子设备制造业"科技竞争力 TOP 300"核心上市企业核心发明专利数量及行业中位数如图 4-10 所示，具体数值及排名见表 4-10。从图 4-10 和表 4-10 可以看出，除三安光电以外，绝大多数"科技竞争力 TOP 300"核心上市企业的核心发明专利数量都高于行业中位数，且以京东方 A 和中兴通讯尤为显著。其中，京东方 A 以累计 21 123 件核心发明专利数量居行业首位，中兴通讯则以累计 20 479 件核心发明专利数量紧随其后，居行业第 2 位。相比之下，歌尔股份和海康威视则分别以 4372 件和 3271 件排在行业第 5 位和第 6 位。可以发现，在计算机、通信和其他电子设备制造业，不同企业间的创新力存在巨大差异，这可能也与不同业务性质的企业技术发展需求和技术研发实力，以及企业自身战略布局有关。

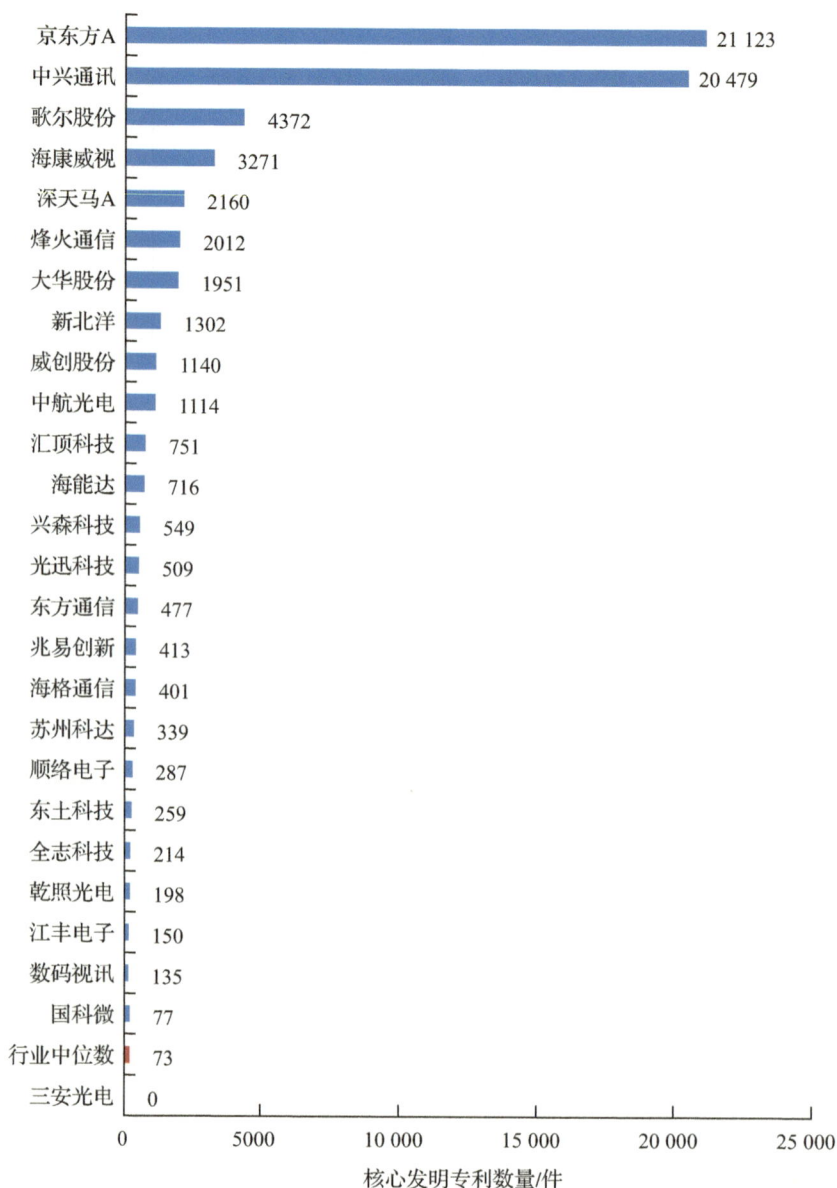

图 4-10 2020 年计算机、通信和其他电子设备制造业"科技竞争力 TOP 300"核心上市
企业核心发明专利数量及行业中位数

表 4-10　2020 年计算机、通信和其他电子设备制造业 "科技竞争力 TOP 300" 核心上市
企业核心发明专利数量及排名

证券代码	证券简称	核心发明专利数量 / 件	排名
000725.SZ	京东方 A	21 123	1
000063.SZ	中兴通讯	20 479	2
002241.SZ	歌尔股份	4372	5
002415.SZ	海康威视	3271	6
000050.SZ	深天马 A	2160	8
600498.SH	烽火通信	2012	10
002236.SZ	大华股份	1951	11
002376.SZ	新北洋	1302	13
002308.SZ	威创股份	1140	14
002179.SZ	中航光电	1114	15
603160.SH	汇顶科技	751	19
002583.SZ	海能达	716	24
002436.SZ	兴森科技	549	33
002281.SZ	光迅科技	509	38
600776.SH	东方通信	477	40
603986.SH	兆易创新	413	46
002465.SZ	海格通信	401	47
603660.SH	苏州科达	339	58
002138.SZ	顺络电子	287	63
300353.SZ	东土科技	259	73
300458.SZ	全志科技	214	89
300102.SZ	乾照光电	198	104
300666.SZ	江丰电子	150	131

证券代码	证券简称	核心发明专利数量 / 件	排名
300079.SZ	数码视讯	135	141
300672.SZ	国科微	77	221
600703.SH	三安光电	0	443

4.1.7　市场表现分析

在市场表现指标方面，本报告主要采用"年化波动率"和"年化收益率"两个指标来表征。2020 年，计算机、通信和其他电子设备制造业中"科技竞争力 TOP 300"核心上市企业的年化波动率和年化收益率及其行业中位数如图 4-11 和图 4-12 所示，具体数值见表 4-11 和表 4-12。

如图 4-11 和表 4-11 所示，计算机、通信和其他电子设备制造业"科技竞争力 TOP 300"核心上市企业年化波动率高达 54.22%，其中，仅有 6 家"科技竞争力 TOP 300"核心上市企业的股价年化波动率高于行业中位数，且以乾照光电的年化波动率最高，高达 85.12%，其次是兆易创新（61.22%）和歌尔股份（59.57%）。相比之下，中兴通讯、京东方 A、海康威视、深天马 A、中航光电等行业内标杆性上市企业的年化波动率则相对较低。

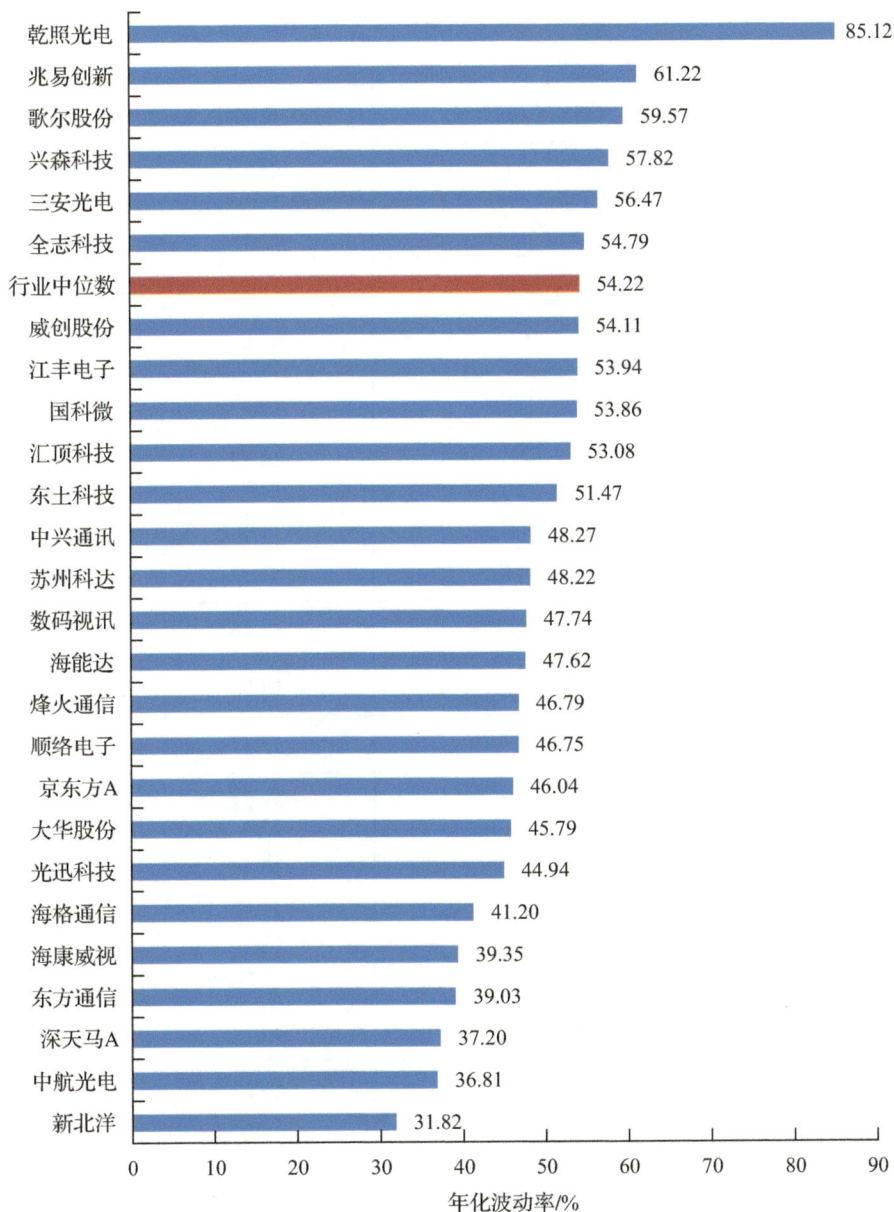

图 4-11　2020 年计算机、通信和其他电子设备制造业 "科技竞争力 TOP 300" 核心上市企业年化波动率及行业中位数

表 4-11　2020 年计算机、通信和其他电子设备制造业"科技竞争力 TOP 300"核心上市
企业年化波动率及排名

证券代码	证券简称	年化波动率 /%	排名
300102.SZ	乾照光电	85.12	48
603986.SH	兆易创新	61.22	115
002241.SZ	歌尔股份	59.57	132
002436.SZ	兴森科技	57.82	154
600703.SH	三安光电	56.47	169
300458.SZ	全志科技	54.79	196
002308.SZ	威创股份	54.11	212
300666.SZ	江丰电子	53.94	214
300672.SZ	国科微	53.86	216
603160.SH	汇顶科技	53.08	226
300353.SZ	东土科技	51.47	247
000063.SZ	中兴通讯	48.27	295
603660.SH	苏州科达	48.22	296
300079.SZ	数码视讯	47.74	304
002583.SZ	海能达	47.62	310
600498.SH	烽火通信	46.79	323
002138.SZ	顺络电子	46.75	325
000725.SZ	京东方 A	46.04	331
002236.SZ	大华股份	45.79	338
002281.SZ	光迅科技	44.94	347
002465.SZ	海格通信	41.20	388
002415.SZ	海康威视	39.35	400

续表

证券代码	证券简称	年化波动率 /%	排名
600776.SH	东方通信	39.03	402
000050.SZ	深天马 A	37.20	406
002179.SZ	中航光电	36.81	407
002376.SZ	新北洋	31.82	415

　　如图 4-12 和表 4-12 所示,进一步对比"科技竞争力 TOP 300"核心上市企业及其所属行业的年化收益率可以发现,2020 年,计算机、通信和其他电子设备制造业中上市企业的股票年化收益率中位数仅为 0.88%,其中共有 14 家"科技竞争力 TOP 300"核心上市企业的年化收益率高于行业中位数,且以中航光电、歌尔股份和海康威视尤为显著。其中,中航光电以 105.19% 的年化收益率位列行业第 46 名,其次是年化收益率为 91.63% 的歌尔股份和年化收益率为 53.69% 的海康威视。与此同时,在"科技竞争力 TOP 300"核心上市企业中,仍旧有大量企业的年化收益率远低于行业中位数。例如:东方通信以 -43.91% 的年化收益率居行业第 383 位,苏州科达则以 -34.14% 的年化收益率在行业内排名第 359 位。可以看到,作为一个规模较大的技术密集型行业,计算机、通信和其他电子设备制造业中的"科技竞争力 TOP 300"核心上市企业在股票年化收益率水平上存在巨大差异。

中航光电　　　　　105.19
歌尔股份　　　　91.63
海康威视　　53.69
三安光电　　49.32
兆易创新　36.27
京东方A　33.78
乾照光电　26.72
兴森科技　17.47
江丰电子　15.99
威创股份　8.92
国科微　8.13
顺络电子　7.34
全志科技　1.89
海格通信　1.04
行业中位数　0.88
大华股份　0.88
−2.07　光迅科技
−4.54　中兴通讯
−9.22　深天马A
−11.55　烽火通信
−21.16　新北洋
−21.51　数码视讯
−24.95　汇顶科技
−27.67　海能达
−30.77　东土科技
−34.14　苏州科达
−43.91　东方通信

年化收益率/%

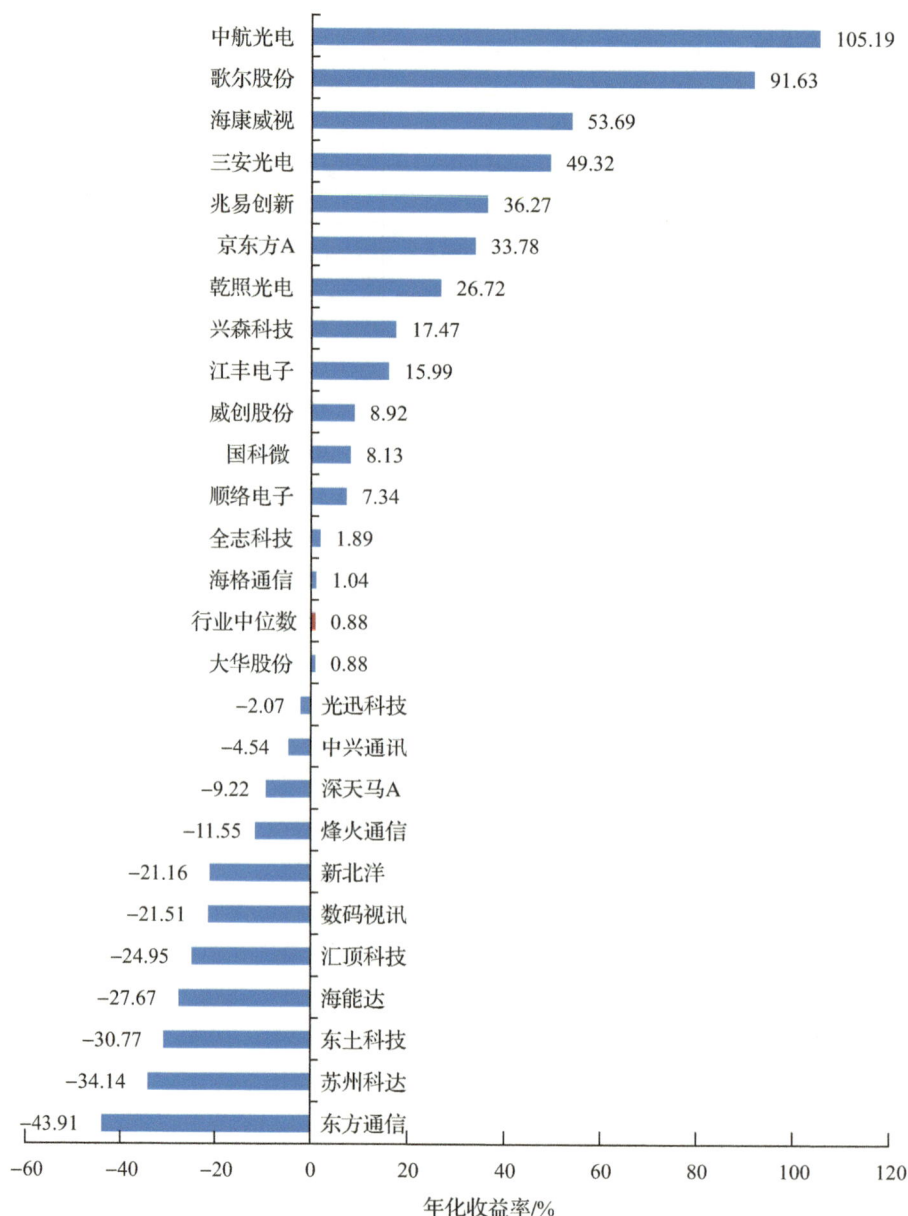

**图 4-12　2020 年计算机、通信和其他电子设备制造业"科技竞争力 TOP 300"核心上市
企业年化收益率及行业中位数**

表 4-12   2020 年计算机、通信和其他电子设备制造业 "科技竞争力 TOP 300" 核心上市企业年化收益率及排名

证券代码	证券简称	年化收益率 /%	排名
002179.SZ	中航光电	105.19	46
002241.SZ	歌尔股份	91.63	52
002415.SZ	海康威视	53.69	84
600703.SH	三安光电	49.32	90
603986.SH	兆易创新	36.27	109
000725.SZ	京东方 A	33.78	118
300102.SZ	乾照光电	26.72	134
002436.SZ	兴森科技	17.47	154
300666.SZ	江丰电子	15.99	158
002308.SZ	威创股份	8.92	171
300672.SZ	国科微	8.13	178
002138.SZ	顺络电子	7.34	181
300458.SZ	全志科技	1.89	203
002465.SZ	海格通信	1.04	208
002236.SZ	大华股份	0.88	209
002281.SZ	光迅科技	−2.07	219
000063.SZ	中兴通讯	−4.54	235
000050.SZ	深天马 A	−9.22	252
600498.SH	烽火通信	−11.55	264
002376.SZ	新北洋	−21.16	301
300079.SZ	数码视讯	−21.51	303
603160.SH	汇顶科技	−24.95	318

续表

证券代码	证券简称	年化收益率 /%	排名
002583.SZ	海能达	−27.67	333
300353.SZ	东土科技	−30.77	348
603660.SH	苏州科达	−34.14	359
600776.SH	东方通信	−43.91	383

4.2　软件和信息技术服务业

4.2.1　市值规模分析

2020 年，软件和信息技术服务业"科技竞争力 TOP 300"核心上市企业总市值、自由流通市值及其行业中位数如图 4−13 和图 4−14 所示，具体数值及排名见表 4−13 和表 4−14，统计日期为 2020 年 12 月 31 日。

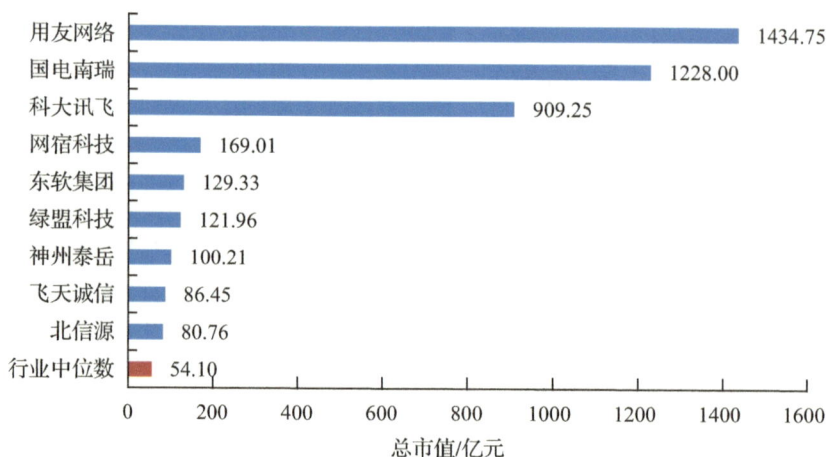

图 4-13　2020 年软件和信息技术服务业"科技竞争力 TOP 300"核心上市企业总市值及行业中位数

表 4-13　2020 年软件和信息技术服务业"科技竞争力 TOP 300"核心上市企业总市值及排名

证券代码	证券简称	总市值/亿元	排名
600588.SH	用友网络	1434.75	2
600406.SH	国电南瑞	1228.00	3
002230.SZ	科大讯飞	909.25	7
300017.SZ	网宿科技	169.01	37
600718.SH	东软集团	129.33	53
300369.SZ	绿盟科技	121.96	55
300002.SZ	神州泰岳	100.21	67
300386.SZ	飞天诚信	86.45	78
300352.SZ	北信源	80.76	81

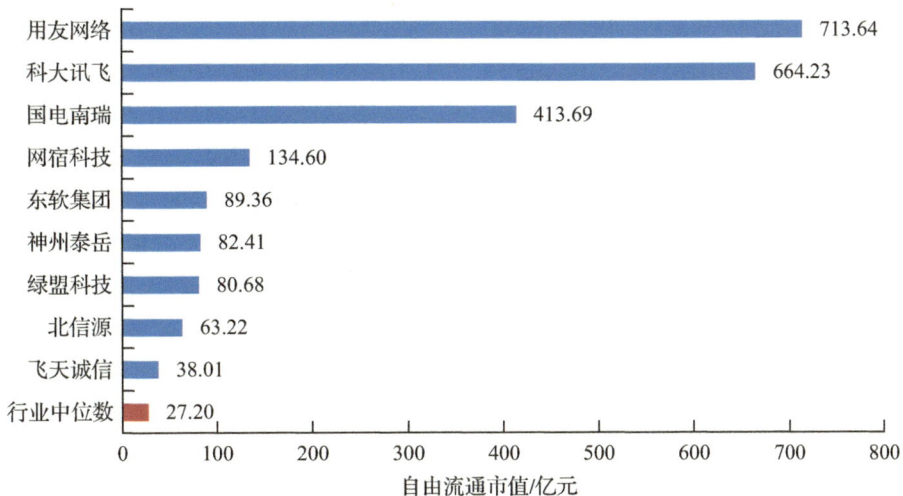

图 4-14　2020 年软件和信息技术服务业"科技竞争力 TOP 300"核心上市企业自由流通市值及行业中位数

表 4-14　2020 年软件和信息技术服务业"科技竞争力 TOP 300"核心上市企业自由流通市值及排名

证券代码	证券简称	自由流通市值 / 亿元	排名
600588.SH	用友网络	713.64	4
002230.SZ	科大讯飞	664.23	5
600406.SH	国电南瑞	413.69	7
300017.SZ	网宿科技	134.60	23
600718.SH	东软集团	89.36	38
300002.SZ	神州泰岳	82.41	43
300369.SZ	绿盟科技	80.68	44
300352.SZ	北信源	63.22	55
300386.SZ	飞天诚信	38.01	92

从图 4-13 和表 4-13 可以看到，整体而言，该行业的"科技竞争力 TOP 300"核心上市企业在总市值上都高于行业中位数，且以用友网络、国电南瑞、科大讯飞这 3 家企业尤为突出。其中，用友网络以高达 1434.75 亿元的总市值位列行业第 2 名，其次是排名第 3 位和第 7 位的国电南瑞（1228.00 亿元）和科大讯飞（909.25 亿元）。同样，在自由流通市值方面（图 4-14、表 4-14），上述 3 家企业均以高达 400 亿元以上的自由流通市值占据了"科技竞争力 TOP 300"核心上市企业自由流通市值的前 3 位，并分别位列行业第四、第五和第七。

4.2.2　盈利能力分析

2020 年，软件和信息技术服务业"科技竞争力 TOP 300"核心上市企业的营业收入、营业利润、净资产收益率及其行业中位数如图 4-15 至图 4-17 所示，具体数值及排名见表 4-15 至表 4-17。

从图 4-15 和表 4-15 可以看出，除飞天诚信和北信源外，其他"科技竞争力 TOP 300"核心上市企业的营业收入水平均高于行业中位数，且仍然以市值规模较大的国电南瑞、科大讯飞和用友网络这 3 家企业表现最佳。其中，国电南瑞以高达约 385.02 亿元的营业收入位居行业第一，且远超其他企业，科大讯飞则以约 130.25 亿元的营业收入位居行业第四。相比之下，用友网络则仅以约 85.25 亿元的营业收入居行业第 11 位。

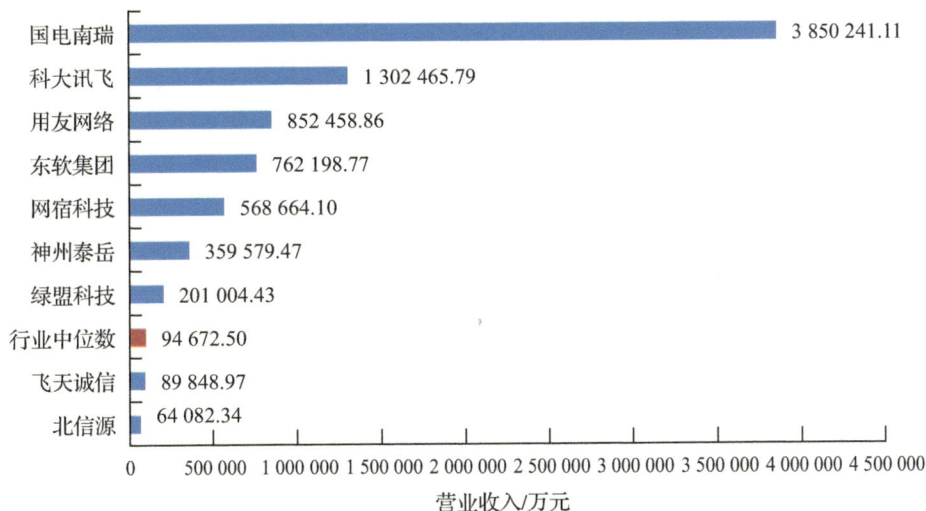

图 4-15   2020 年软件和信息技术服务业 "科技竞争力 TOP 300" 核心上市企业营业收入及行业中位数

表 4-15   2020 年软件和信息技术服务业 "科技竞争力 TOP 300" 核心上市企业营业收入及排名

证券代码	证券简称	营业收入 / 万元	排名
600406.SH	国电南瑞	3 850 241.11	1
002230.SZ	科大讯飞	1 302 465.79	4
600588.SH	用友网络	852 458.86	11
600718.SH	东软集团	762 198.77	13
300017.SZ	网宿科技	568 664.10	21
300002.SZ	神州泰岳	359 579.47	41
300369.SZ	绿盟科技	201 004.43	76
300386.SZ	飞天诚信	89 848.97	138
300352.SZ	北信源	64 082.34	170

如图 4-16 和表 4-16 所示，在 9 家"科技竞争力 TOP 300"核心上市企业中，共有 6 家企业的营业利润高于行业中位数，其中，有 3 家企业的年度营业利润超过 10 亿元。其中，国电南瑞仍然以高达约 58.74 亿元的营业利润位居行业第一，且远超其他企业，科大讯飞和用友网络则分别以 14.37 亿元和 11.21 亿元的营业利润位居行业第五和第七。

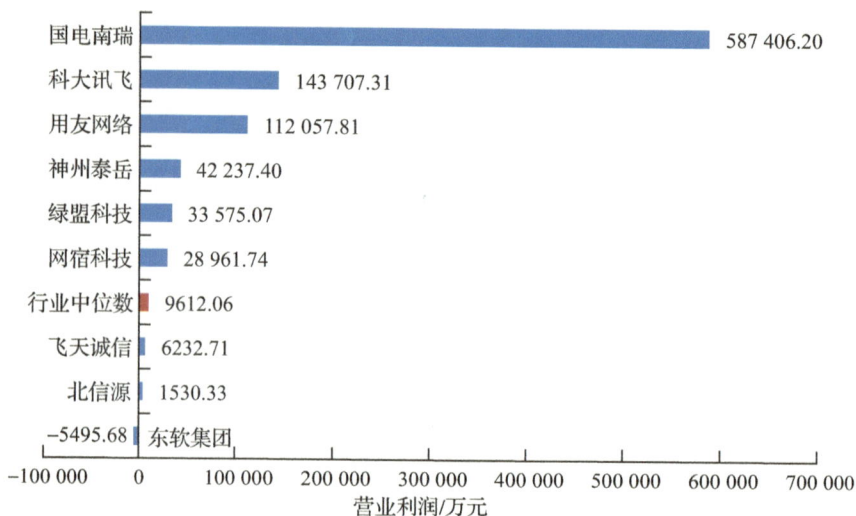

图 4-16　2020 年软件和信息技术服务业"科技竞争力 TOP 300"核心上市企业营业利润及行业中位数

表 4-16　2020 年软件和信息技术服务业"科技竞争力 TOP 300"核心上市企业营业利润及排名

证券代码	证券简称	营业利润 / 万元	排名
600406.SH	国电南瑞	587 406.20	1
002230.SZ	科大讯飞	143 707.31	5
600588.SH	用友网络	112 057.81	7
300002.SZ	神州泰岳	42 237.40	28
300369.SZ	绿盟科技	33 575.07	41
300017.SZ	网宿科技	28 961.74	48

续表

证券代码	证券简称	营业利润 / 万元	排名
300386.SZ	飞天诚信	6232.71	169
300352.SZ	北信源	1530.33	218
600718.SH	东软集团	−5495.68	231

　　进一步对比上述企业及其所属行业在净资产收益率方面的差异可以看到（图 4-17、表 4-17），共有 5 家"科技竞争力 TOP 300"核心上市企业的净资产收益率高于行业中位数，且以国电南瑞、用友网络、科大讯飞这 3 家行业内领军企业尤为显著。其中，国电南瑞以 16.12% 的净资产收益率在同行业中排名第 38 位，其次是以 14.29% 的净资产收益率排名行业第 53 位的用友网络。可以看到，在市值规模、营业收入和营业利润方面都表现优异的 3 家"科技竞争力 TOP 300"核心上市企业，其净资产收益率水平在行业内并无明显优势，这也从侧面反映出该行业上市企业普遍具有较高的投资收益水平。

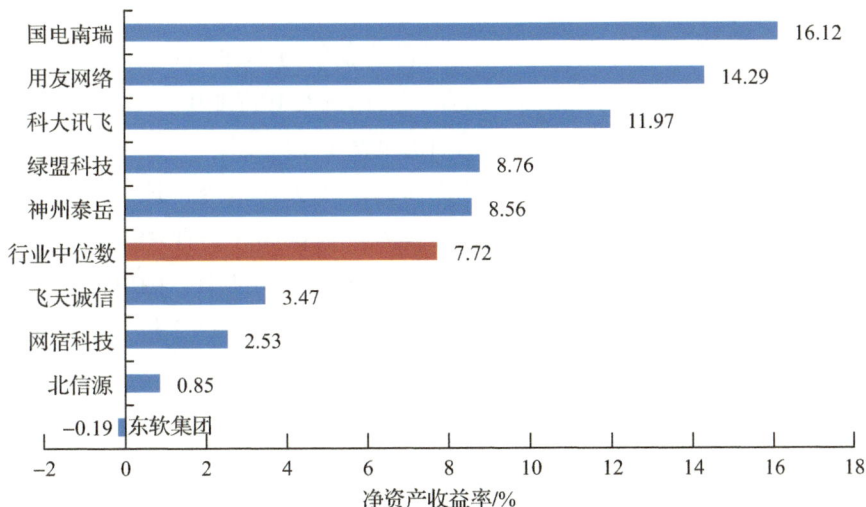

图 4-17　2020 年软件和信息技术服务业"科技竞争力 TOP 300"核心上市企业净资产收益率及行业中位数

表 4-17   2020 年软件和信息技术服务业 "科技竞争力 TOP 300" 核心上市企业净资产收
益率及排名

证券代码	证券简称	净资产收益率 /%	排名
600406.SH	国电南瑞	16.12	38
600588.SH	用友网络	14.29	53
002230.SZ	科大讯飞	11.97	75
300369.SZ	绿盟科技	8.76	118
300002.SZ	神州泰岳	8.56	121
300386.SZ	飞天诚信	3.47	195
300017.SZ	网宿科技	2.53	206
300352.SZ	北信源	0.85	222
600718.SH	东软集团	−0.19	226

4.2.3   研发投入分析

2020 年，软件和信息技术服务业 "科技竞争力 TOP 300" 核心上市企业的研发支出合计、研发支出总额占营业收入比例及其行业中位数如图 4-18 和图 4-19 所示，具体数值及排名见表 4-18 和表 4-19。

如图 4-18 和表 4-18 所示，整体而言，除飞天诚信外，该行业的 "科技竞争力 TOP 300" 核心上市企业的研发投入规模都高于行业中位数，且仍然以国电南瑞、科大讯飞和用友网络这 3 家企业最高。其中，国电南瑞和科大讯飞均以高达 24 亿元以上的研发支出稳居行业第 1 位和第 2 位，用友网络则以约 16.73 亿元的研发支出紧随其后，位居行业第三。

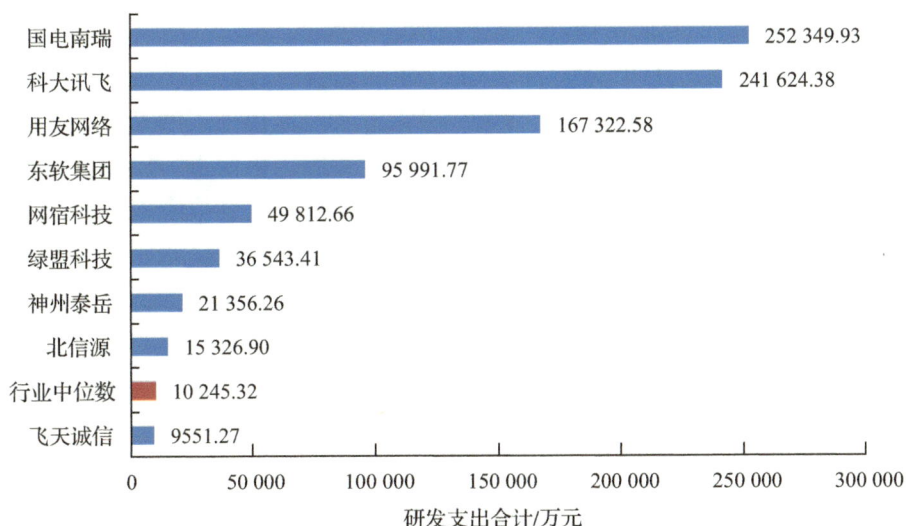

图 4-18　2020 年软件和信息技术服务业"科技竞争力 TOP 300"核心上市企业研发支出合计及行业中位数

表 4-18　2020 年软件和信息技术服务业"科技竞争力 TOP 300"核心上市企业研发支出合计及排名

证券代码	证券简称	研发支出合计 / 万元	排名
600406.SH	国电南瑞	252 349.93	1
002230.SZ	科大讯飞	241 624.38	2
600588.SH	用友网络	167 322.58	3
600718.SH	东软集团	95 991.77	12
300017.SZ	网宿科技	49 812.66	28
300369.SZ	绿盟科技	36 543.41	41
300002.SZ	神州泰岳	21 356.26	72
300352.SZ	北信源	15 326.90	101
300386.SZ	飞天诚信	9551.27	141

相比之下，在研发投入强度方面（图 4-19、表 4-19），该行业的"科技竞争力 TOP 300"核心上市企业则表现参差不齐。其中，研发投入规模仅为

约 1.53 亿元，行业排名第 101 位的北信源，以高达 23.92% 的研发投入强度居所有"科技竞争力 TOP 300"核心上市企业的首位，其次是研发投入强度分别为 19.60% 和 18.55% 的用友网络和科大讯飞。值得一提的是，在市值规模、盈利能力和研发投入规模等方面都极具优势的国电南瑞，仅以 6.55% 的研发投入强度排名行业第 204 位。可以看到，软件和信息技术服务业作为技术密集型行业，其上市企业的研发投入强度普遍维持在较高水平。当然，作为将企业研发投入规模与营业收入规模相结合的综合考量指标，研发投入强度与企业本身所处的发展阶段有较大关系，也并非是越高越好，如何在一定的研发投入规模下获得更多的营业收入，平衡企业研发投入与营业收入之间的关系，是企业在不同发展阶段需要探索的关键问题。

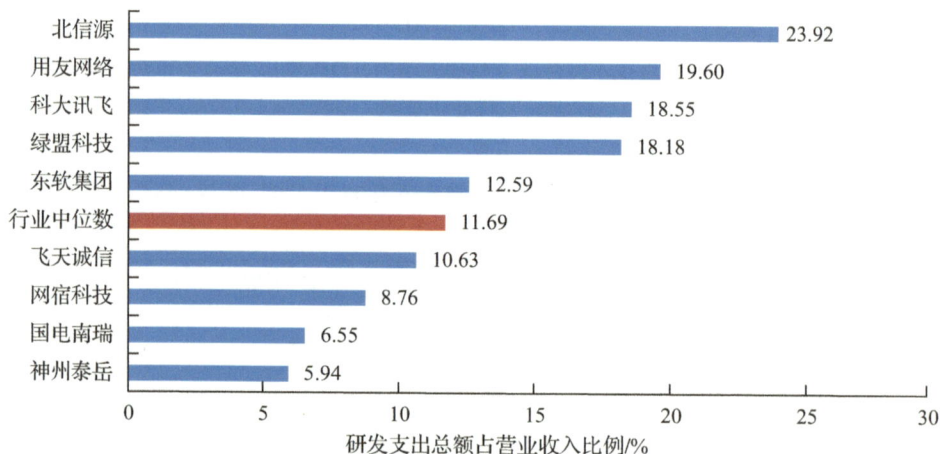

图 4-19　2020 年软件和信息技术服务业"科技竞争力 TOP 300"核心上市企业研发支出
总额占营业收入比例及行业中位数

表 4-19　2020 年软件和信息技术服务业"科技竞争力 TOP 300"核心上市企业研发支出
总额占营业收入比例及排名

证券代码	证券简称	研发支出总额占营业收入比例 /%	排名
300352.SZ	北信源	23.92	29
600588.SH	用友网络	19.60	55
002230.SZ	科大讯飞	18.55	63

续表

证券代码	证券简称	研发支出总额占营业收入比例 /%	排名
300369.SZ	绿盟科技	18.18	71
600718.SH	东软集团	12.59	124
300386.SZ	飞天诚信	10.63	145
300017.SZ	网宿科技	8.76	172
600406.SH	国电南瑞	6.55	204
300002.SZ	神州泰岳	5.94	214

4.2.4 成长性分析

2020 年，软件和信息技术服务业"科技竞争力 TOP 300"核心上市企业归属母公司股东的净利润（同比增长率）及行业中位数如图 4-20 所示，具体数值及排名见表 4-20。如图 4-20 和表 4-20 所示，软件和信息技术服务业的归属母公司股东的净利润（同比增长率）中位数为 11.98%，这表明，在该行业中约有半数的企业处于快速成长期。其中，在 9 家"科技竞争力 TOP 300"核心上市企业中，成长性最强的是网宿科技，该企业以 537.99% 的归属母公司股东的净利润（同比增长率）位列行业第二，其次是排名第四的东软集团，其归属母公司股东的净利润（同比增长率）为 252.82%。值得一提的是，在市值规模、盈利能力和研发投入等方面表现优异的企业，如科大讯飞、国电南瑞、用友网络等企业，其成长性在同行业内并未表现出显著优势，尤其是用友网络，其 2020 年归属母公司股东的净利润（同比增长率）仅为 −16.43%，这表明该企业经过长期发展，发展脚步有所放缓，需要进一步依托技术创新、制度创新、商业模式创新等多方面的创新发展寻求突破。

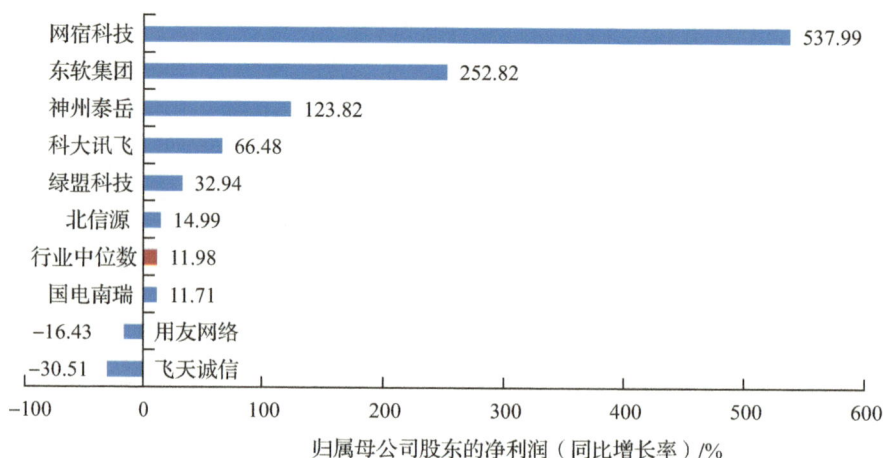

图 4-20　2020 年软件和信息技术服务业"科技竞争力 TOP 300"核心上市企业归属母公司股东的净利润（同比增长率）及行业中位数

表 4-20　2020 年软件和信息技术服务业"科技竞争力 TOP 300"核心上市企业归属母公司股东的净利润（同比增长率）及排名

证券代码	证券简称	归属母公司股东的净利润（同比增长率）/%	排名
300017.SZ	网宿科技	537.99	2
600718.SH	东软集团	252.82	4
300002.SZ	神州泰岳	123.82	17
002230.SZ	科大讯飞	66.48	51
300369.SZ	绿盟科技	32.94	89
300352.SZ	北信源	14.99	124
600406.SH	国电南瑞	11.71	136
600588.SH	用友网络	−16.43	193
300386.SZ	飞天诚信	−30.51	211

4.2.5　竞争性分析

2020 年，软件和信息技术服务业"科技竞争力 TOP 300"核心上市企业技术竞争强度及行业中位数如图 4-21 所示，具体数值及排名见表 4-21。如图 4-21 和表 4-21 所示，除绿盟科技外，该行业内"科技竞争力 TOP 300"

核心上市企业的技术竞争强度均高于行业中位数,且以国电南瑞、东软集团和神州泰岳尤为显著。其中,国电南瑞以高达 0.9012 的技术竞争强度稳居行业第 1 位,其次是技术竞争强度为 0.8198 且位列行业第二的东软集团。这表明,在软件和信息技术服务业中,国电南瑞和东软集团处于行业内企业竞争的核心地位。

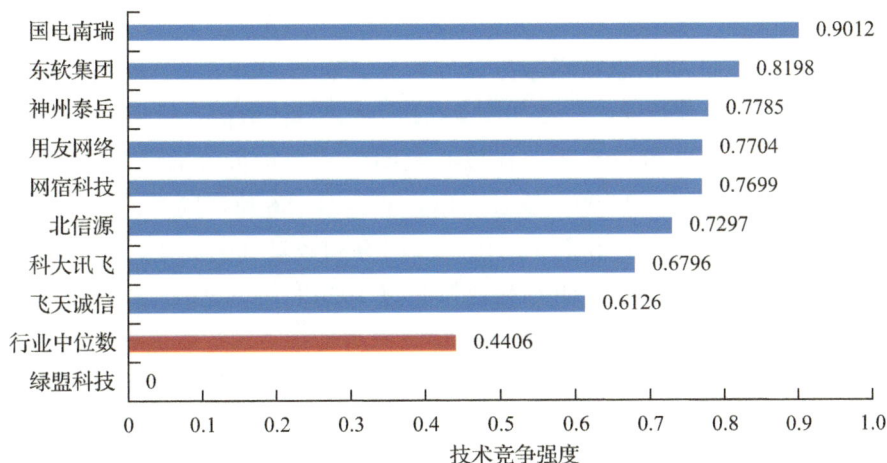

图 4-21　2020 年软件和信息技术服务业"科技竞争力 TOP 300"核心上市企业技术竞争
强度及行业中位数

表 4-21　2020 年软件和信息技术服务业"科技竞争力 TOP 300"核心上市企业技术竞争
强度及排名

证券代码	证券简称	技术竞争强度	排名
600406.SH	国电南瑞	0.9012	1
600718.SH	东软集团	0.8198	2
300002.SZ	神州泰岳	0.7785	6
600588.SH	用友网络	0.7704	12
300017.SZ	网宿科技	0.7699	13
300352.SZ	北信源	0.7297	18
002230.SZ	科大讯飞	0.6796	32

证券代码	证券简称	技术竞争强度	排名
300386.SZ	飞天诚信	0.6126	55
300369.SZ	绿盟科技	0	237

4.2.6 创新力分析

2020 年，软件和信息技术服务业"科技竞争力 TOP 300"核心上市企业核心发明专利数量及行业中位数如图 4-22 所示，具体数值及排名见表 4-22。从图 4-22 和表 4-22 可以看出，在核心发明专利数量最多的前 10 家上市企业中，"科技竞争力 TOP 300"核心上市企业占据了 6 位。同时，所有"科技竞争力 TOP 300"核心上市企业的核心发明专利数量都远高于行业中位数，且有 2 家企业的累计核心发明专利数量超过 1000 件。这表明，"科技竞争力 TOP 300"核心上市企业的创新力在同行业中均具有明显竞争优势。其中，国电南瑞以 1437 件累计核心发明专利数量位居行业首位，其次是累计核心发明专利数量为 1031 件的东软集团。

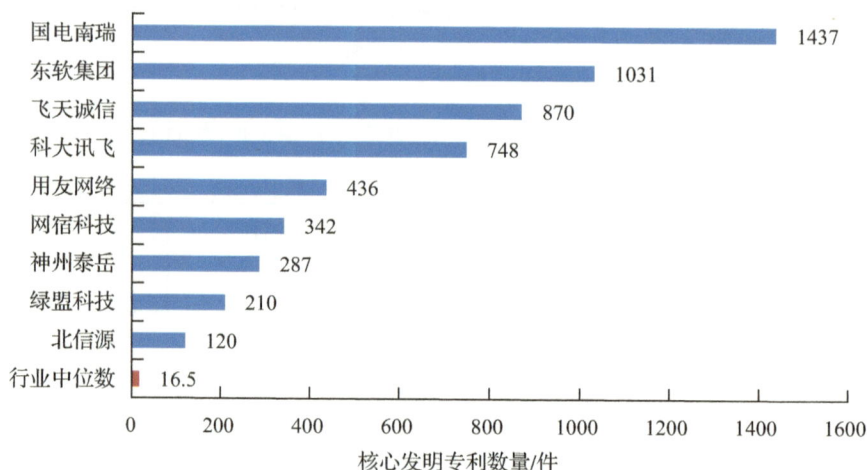

图 4-22 2020 年软件和信息技术服务业"科技竞争力 TOP 300"核心上市企业核心发明专利数量及行业中位数

表 4-22　2020 年软件和信息技术服务业 "科技竞争力 TOP 300" 核心上市企业核心发明专利数量及排名

证券代码	证券简称	核心发明专利数量 / 件	排名
600406.SH	国电南瑞	1437	1
600718.SH	东软集团	1031	3
300386.SZ	飞天诚信	870	4
002230.SZ	科大讯飞	748	5
600588.SH	用友网络	436	7
300017.SZ	网宿科技	342	9
300002.SZ	神州泰岳	287	12
300369.SZ	绿盟科技	210	18
300352.SZ	北信源	120	30

4.2.7　市场表现分析

2020 年，软件和信息技术服务业 "科技竞争力 TOP 300" 核心上市企业年化波动率和年化收益率及其行业中位数如图 4-23 和图 4-24 所示，具体数值见表 4-23 和表 4-24。如图 4-23 和表 4-23 所示，软件和信息技术服务业的上市企业股价年化波动率中位数高达 55.91%，仅有 2 家 "科技竞争力 TOP 300" 核心上市企业的股价年化波动率高于行业中位数，且以神州泰岳的年化波动率最高，为 67.94%，位列行业第 52 名；其次是飞天诚信（63.10%），位列行业第 69 名。这表明，2020 年，软件和信息技术服务业 "科技竞争力 TOP 300" 核心上市企业的股价波动相对较小，发展较为稳健。相比之下，国电南瑞、科大讯飞、用友网络、东软集团等在盈利能力、研发投入、竞争性、创新力等方面表现较好的企业年化波动率则相对较低。

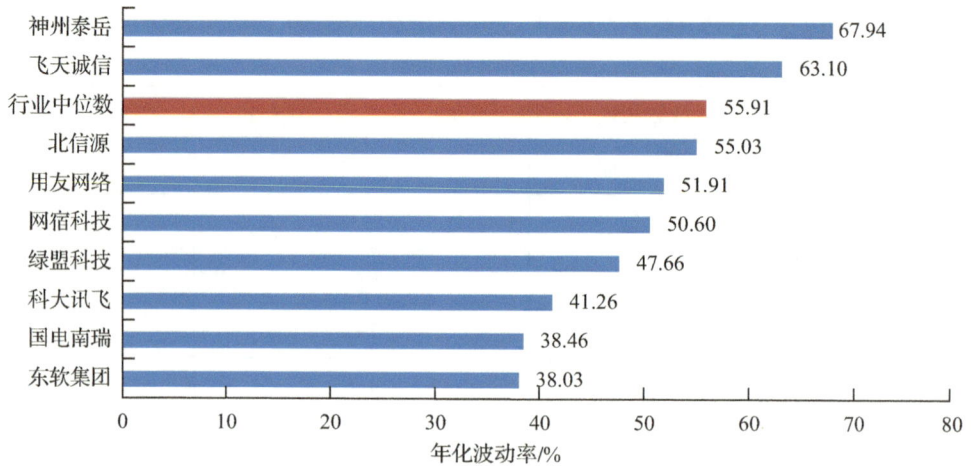

图 4-23 2020 年软件和信息技术服务业"科技竞争力 TOP 300"核心上市企业年化波动率及行业中位数

表 4-23 2020 年软件和信息技术服务业"科技竞争力 TOP 300"核心上市企业年化波动率及排名

证券代码	证券简称	年化波动率 /%	排名
300002.SZ	神州泰岳	67.94	52
300386.SZ	飞天诚信	63.10	69
300352.SZ	北信源	55.03	133
600588.SH	用友网络	51.91	153
300017.SZ	网宿科技	50.60	163
300369.SZ	绿盟科技	47.66	188
002230.SZ	科大讯飞	41.26	230
600406.SH	国电南瑞	38.46	237
600718.SH	东软集团	38.03	240

如图 4-24 和表 4-24 所示,进一步对比"科技竞争力 TOP 300"核心上市企业及其所属行业的年化收益率可以发现,软件和信息技术服务业的上市企业股票年化收益率中位数仅为 –6.82%,这表明,该行业在 2020 年的股票年化收益率表现欠佳。在 9 家"科技竞争力 TOP 300"核心上市企业中,仅

有 5 家企业的股票年化收益率高于行业中位数。其中，用友网络以 105.77%
的年化收益率位居行业第 13 名，其次是年化收益率分别为 58.72% 和 32.17%
的神州泰岳和飞天诚信，分别居行业第 23 位和第 38 位。同时，从这 5 家股
票年化收益率较高的"科技竞争力 TOP 300"核心上市企业可以看到，面对
金融市场的高风险，用友网络、国电南瑞、科大讯飞等领头企业仍然是获取
稳定投资收益的标杆性企业。

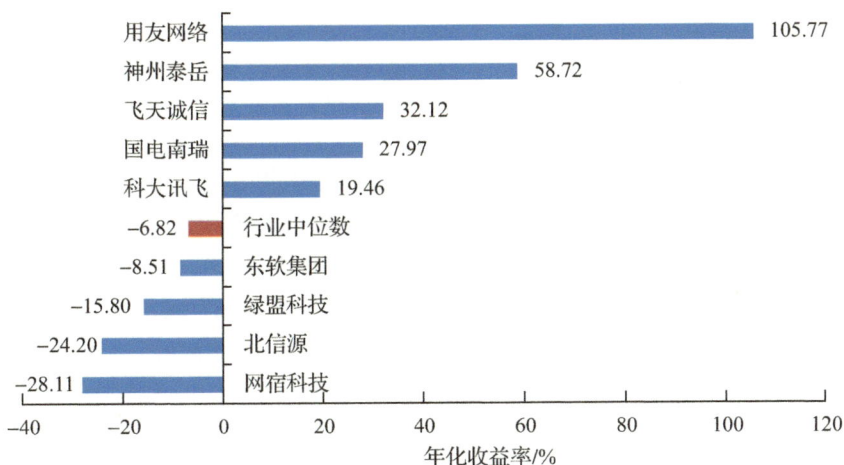

图 4-24　2020 年软件和信息技术服务业"科技竞争力 TOP 300"核心上市企业年化收益率及行业中位数

表 4-24　2020 年软件和信息技术服务业"科技竞争力 TOP 300"核心上市企业年化收益率及排名

证券代码	证券简称	年化收益率 /%	排名
600588.SH	用友网络	105.77	13
300002.SZ	神州泰岳	58.72	23
300386.SZ	飞天诚信	32.12	38
600406.SH	国电南瑞	27.97	42
002230.SZ	科大讯飞	19.46	55
600718.SH	东软集团	−8.51	132
300369.SZ	绿盟科技	−15.80	160

续表

证券代码	证券简称	年化收益率 /%	排名
300352.SZ	北信源	−24.20	185
300017.SZ	网宿科技	−28.11	198

4.3 专用设备制造业

4.3.1 市值规模分析

2020 年，专用设备制造业"科技竞争力 TOP 300"核心上市企业的总市值、自由流通市值及其行业中位数如图 4-25 和图 4-26 所示，具体数值及排名见表 4-25 和表 4-26，统计日期为 2020 年 12 月 31 日。从图 4-25 和表 4-25 可以看到，整体而言，该行业的"科技竞争力 TOP 300"核心上市企业在总市值上都显著高于行业中位数，且以北方华创、先导智能和大族激光这 3 家企业最为突出。其中，北方华创以 897.31 亿元的总市值位居行业第 4 名，其次是总市值分别为 762.06 亿元和 456.17 亿元的先导智能和大族激光，分别位列行业第 7 名和第 14 名。同样，在自由流通市值方面（图 4-26、表 4-26），上述 3 家企业均以 300 亿元以上的自由流通市值占据了"科技竞争力 TOP 300"核心上市企业自由流通市值的前 3 位，并分别位列行业第 3 名、第 6 名和第 8 名。

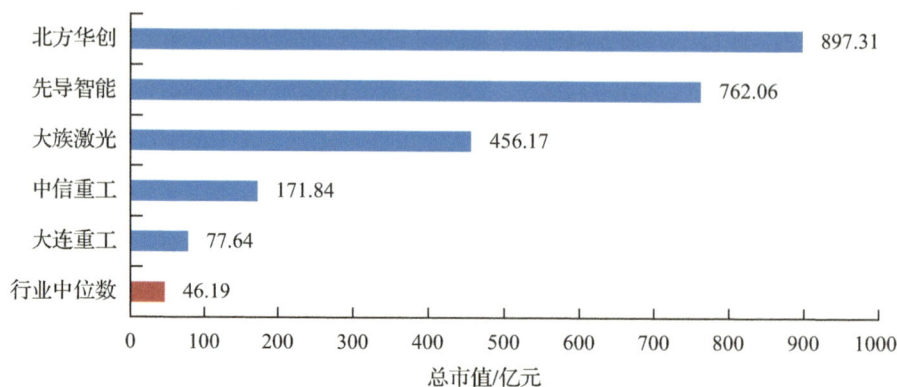

图 4-25　2020 年专用设备制造业"科技竞争力 TOP 300"核心上市企业总市值及行业中位数

表 4-25　2020 年专用设备制造业"科技竞争力 TOP 300"核心上市企业总市值及排名

证券代码	证券简称	总市值 / 亿元	排名
002371.SZ	北方华创	897.31	4
300450.SZ	先导智能	762.06	7
002008.SZ	大族激光	456.17	14
601608.SH	中信重工	171.84	40
002204.SZ	大连重工	77.64	80

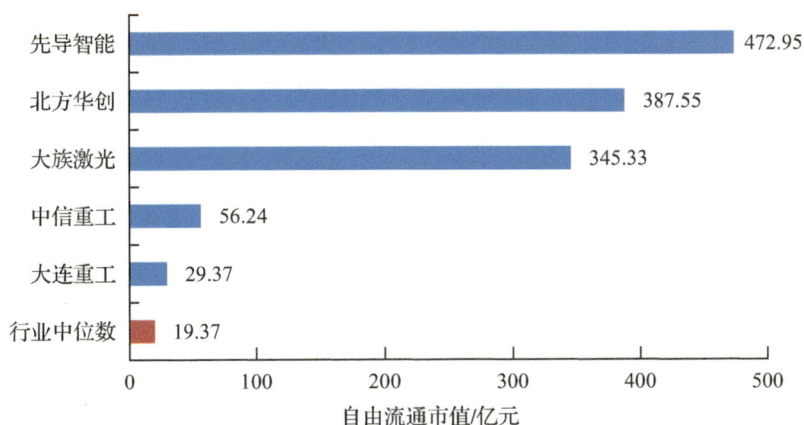

图 4-26　2020 年专用设备制造业"科技竞争力 TOP 300"核心上市企业自由流通市值及行业中位数

表 4-26　2020 年专用设备制造业"科技竞争力 TOP 300"核心上市企业自由流通市值及排名

证券代码	证券简称	自由流通市值 / 亿元	排名
300450.SZ	先导智能	472.95	3
002371.SZ	北方华创	387.55	6
002008.SZ	大族激光	345.33	8
601608.SH	中信重工	56.24	47
002204.SZ	大连重工	29.37	99

4.3.2　盈利能力分析

2020 年，专用设备制造业"科技竞争力 TOP 300"核心上市企业的营业收入、营业利润、净资产收益率及其行业中位数如图 4-27 至图 4-29 所示，具体数值及排名见表 4-27 至表 4-29。

从图 4-27 和表 4-27 可以看出，5 家"科技竞争力 TOP 300"核心上市企业的营业收入均远超行业中位数，且以大族激光最为突出，以约 119.42 亿元的营业收入在行业内排名第 12 位，相比之下，市值规模较大的北方华创和先导智能在营业收入上则相对较少，仅以约 60.56 亿元和约 58.58 亿元的水平在行业内排名第 33 位和第 34 位。值得注意的是，市值规模相对较小的中信重工和大连重工，其营业收入却在先导智能、北方华创等企业之上，尤其是大连重工，尽管其总市值和自由流通市值的行业内排名均在 80 名及以后，却以约 81.62 亿元的营业收入位居行业第 21 名。

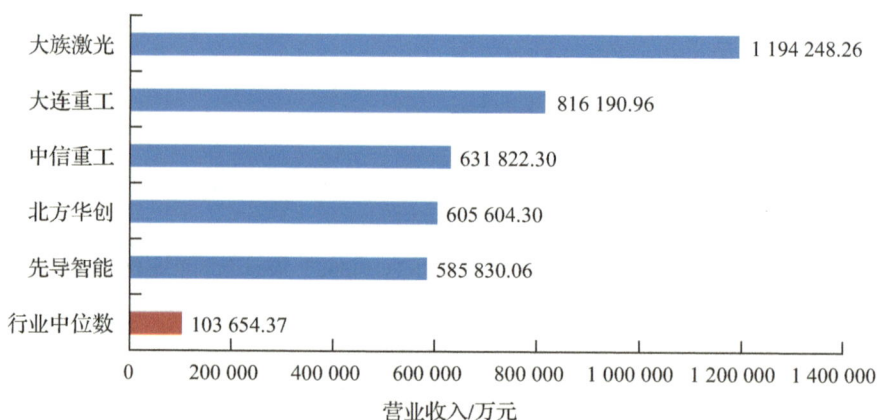

图 4-27　2020 年专用设备制造业"科技竞争力 TOP 300"核心上市企业营业收入及行业中位数

表 4-27　2020 年专用设备制造业"科技竞争力 TOP 300"核心上市企业营业收入及排名

证券代码	证券简称	营业收入 / 万元	排名
002008.SZ	大族激光	1 194 248.26	12
002204.SZ	大连重工	816 190.96	21

续表

证券代码	证券简称	营业收入 / 万元	排名
601608.SH	中信重工	631 822.30	31
002371.SZ	北方华创	605 604.30	33
300450.SZ	先导智能	585 830.06	34

　　如图 4-28 和表 4-28 所示，5 家"科技竞争力 TOP 300"核心上市企业的营业利润均显著高于行业中位数，其中，有 3 家企业的年度营业利润超过 6 亿元，且均为市值规模较大的企业。例如：大族激光以约 10.34 亿元的营业利润在行业内排名第 21 位，先导智能和北方华创则分别以约 8.11 亿元和 6.69 亿元的营业利润居行业第 26 位和第 32 位。

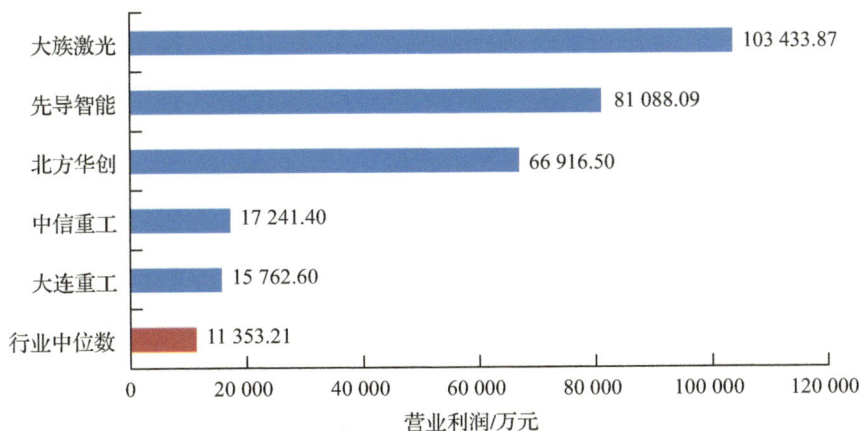

图 4-28　2020 年专用设备制造业"科技竞争力 TOP 300"核心上市企业营业利润及行业中位数

表 4-28　2020 年专用设备制造业"科技竞争力 TOP 300"核心上市企业营业利润及排名

证券代码	证券简称	营业利润 / 万元	排名
002008.SZ	大族激光	103 433.87	21
300450.SZ	先导智能	81 088.09	26
002371.SZ	北方华创	66 916.50	32

证券代码	证券简称	营业利润 / 万元	排名
601608.SH	中信重工	17 241.40	106
002204.SZ	大连重工	15 762.60	112

　　进一步对比上述企业及其所属行业在净资产收益率方面的差异发现（图4-29、表4-29），专用设备制造业上市企业净资产收益率的行业中位数为10.07%，仅有2家"科技竞争力 TOP 300"核心上市企业的净资产收益率高于行业平均水平。从5家"科技竞争力 TOP 300"核心上市企业净资产收益率的行业排名来看，上述企业的排名均在80～250位，并未在投资收益水平方面表现出明显优势。其中，自由流通市值最高的先导智能以15.51%的净资产收益率在行业内排名第83位，而紧随其后的大族激光则以10.70%的净资产收益率屈居行业第138位。

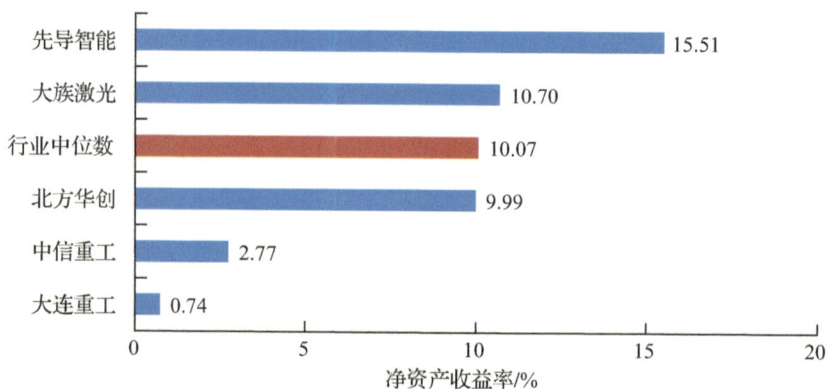

图 4-29　2020 年专用设备制造业"科技竞争力 TOP 300"核心上市企业净资产收益率及行业中位数

表 4-29　2020 年专用设备制造业"科技竞争力 TOP 300"核心上市企业净资产收益率及排名

证券代码	证券简称	净资产收益率 /%	排名
300450.SZ	先导智能	15.51	83
002008.SZ	大族激光	10.70	138

证券代码	证券简称	净资产收益率 /%	排名
002371.SZ	北方华创	9.99	147
601608.SH	中信重工	2.77	230
002204.SZ	大连重工	0.74	246

4.3.3 研发投入分析

2020 年，专用设备制造业"科技竞争力 TOP 300"核心上市企业研发支出合计、研发支出总额占营业收入比例及其行业中位数如图 4-30 和图 4-31 所示，具体数值及排名见表 4-30 和表 4-31。

如图 4-30 和表 4-30 所示，在研发投入规模方面，整体而言，该行业的"科技竞争力 TOP 300"核心上市企业的研发投入规模都远远高于行业中位数，且以北方华创、大族激光、先导智能等市值规模较大的企业尤为突出。其中，北方华创以 16.08 亿元的研发支出位列行业第 5 名，大族激光则以 12.87 亿元的研发支出紧随其后，在行业内排名第六。

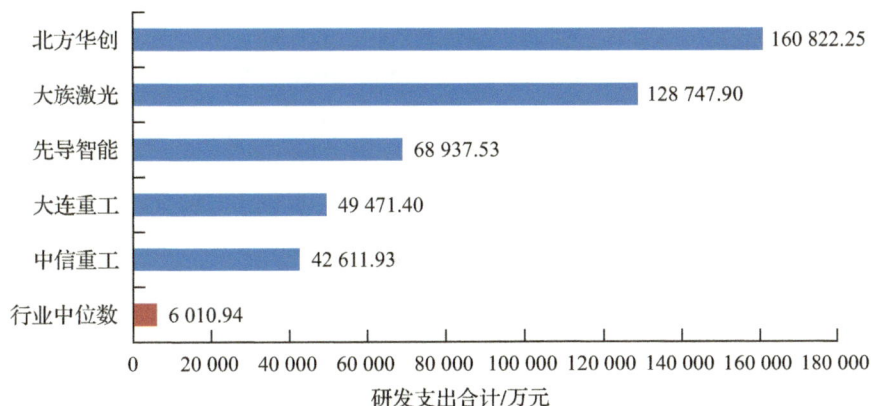

图 4-30　2020 年专用设备制造业"科技竞争力 TOP 300"核心上市企业研发支出合计及行业中位数

表 4-30　　2020 年专用设备制造业"科技竞争力 TOP 300"核心上市企业研发支出合计及排名

证券代码	证券简称	研发支出合计 / 万元	排名
002371.SZ	北方华创	160 822.25	5
002008.SZ	大族激光	128 747.90	6
300450.SZ	先导智能	68 937.53	13
002204.SZ	大连重工	49 471.40	19
601608.SH	中信重工	42 611.93	21

与此同时，在研发投入强度方面（图 4-31、表 4-31），整体而言，该行业的"科技竞争力 TOP 300"核心上市企业也均高于行业中位数。其中，有 3 家企业的研发投入强度高于 10%，且均为市值规模、盈利能力相对较强的"科技竞争力 TOP 300"核心上市企业。其中，北方华创以 26.56% 的研发投入强度位居行业第 4 名，而紧随其后的先导智能和大族激光的研发投入强度仅稍高于 10%，其行业排名均在 30 名以后。相比之下，以重工业为主的中信重工和大连重工研发投入强度则相对较低，仅维持在 6% ～ 7%。

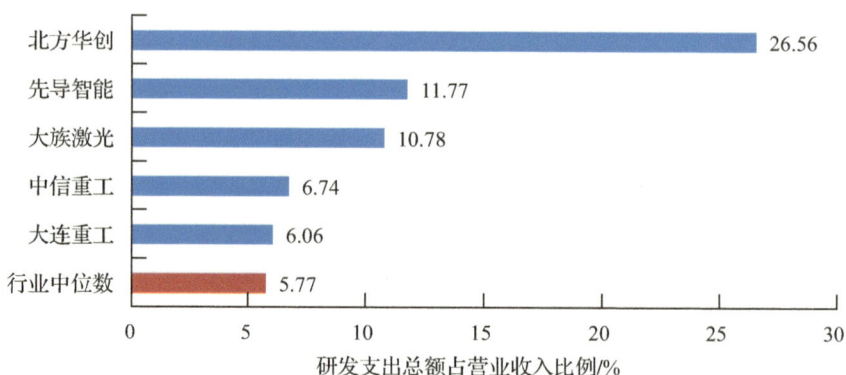

图 4-31　　2020 年专用设备制造业"科技竞争力 TOP 300"核心上市企业研发支出总额占营业收入比例及行业中位数

表 4-31　2020 年专用设备制造业"科技竞争力 TOP 300"核心上市企业研发支出总额占营业收入比例及排名

证券代码	证券简称	研发支出总额占营业收入比例 /%	排名
002371.SZ	北方华创	26.56	4
300450.SZ	先导智能	11.77	31
002008.SZ	大族激光	10.78	43
601608.SH	中信重工	6.74	112
002204.SZ	大连重工	6.06	126

4.3.4　成长性分析

2020 年，专用设备制造业"科技竞争力 TOP 300"核心上市企业归属母公司股东的净利润（同比增长率）及行业中位数如图 4-32 所示，具体数值及排名见表 4-32。如图 4-32 和表 4-32 所示，专用设备制造业的归属母公司股东的净利润（同比增长率）中位数为 23.20%，这表明，该行业中绝大多数的企业处于快速成长期。在 5 家"科技竞争力 TOP 300"核心上市企业中，包括北方华创、中信重工、大族激光、大连重工在内的 4 家企业的归属母公司股东的净利润（同比增长率）高于 10%，表明上述企业均处于高速发展期。其中，成长性最强的是北方华创，该企业以 73.75% 的归属母公司股东的净利润（同比增长率）在行业内排名第 68 位，其次是排名第 72 位的中信重工，其归属母公司股东的净利润（同比增长率）为 66.92%。

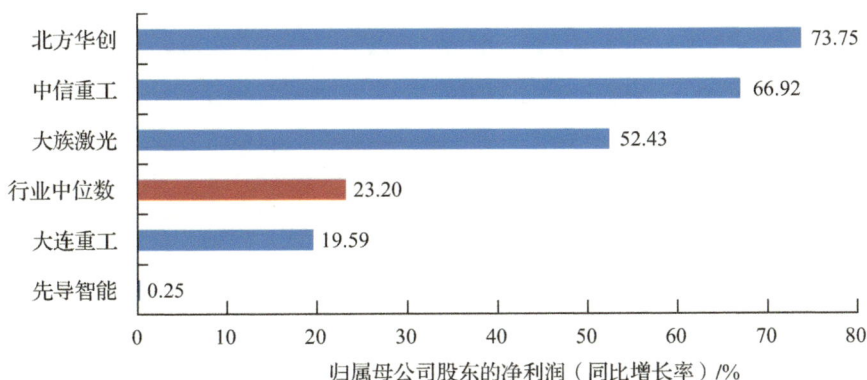

图 4-32　2020 年专用设备制造业"科技竞争力 TOP 300"核心上市企业归属母公司股东的净利润（同比增长率）及行业中位数

表 4-32   2020 年专用设备制造业"科技竞争力 TOP 300"核心上市企业归属母公司股东的净利润（同比增长率）及排名

证券代码	证券简称	归属母公司股东的净利润（同比增长率）/%	排名
002371.SZ	北方华创	73.75	68
601608.SH	中信重工	66.92	72
002008.SZ	大族激光	52.43	85
002204.SZ	大连重工	19.59	149
300450.SZ	先导智能	0.25	196

4.3.5   竞争性分析

2020 年，专用设备制造业"科技竞争力 TOP 300"核心上市企业技术竞争强度及行业中位数如图 4-33 所示，具体数值及排名见表 4-33。如图 4-33 和表 4-33 所示，除北方华创外，该行业内"科技竞争力 TOP 300"核心上市企业的技术竞争强度均高于行业中位数，且以大族激光、先导智能尤为显著。其中，大族激光以 0.7049 的技术竞争强度排名行业第 7 位，其次是技术竞争强度为 0.6813 且排名行业第 11 位的先导智能。这表明，在专用设备制造业中，大族激光和先导智能处于行业内企业竞争的相对核心地位。

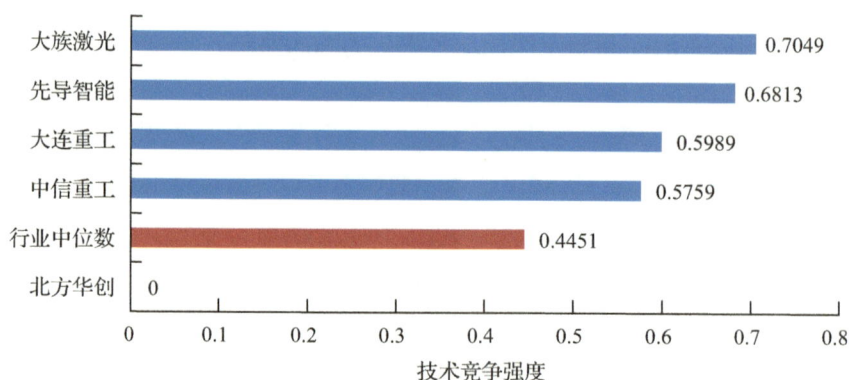

图 4-33   2020 年专用设备制造业"科技竞争力 TOP 300"核心上市企业技术竞争强度及行业中位数

表 4-33　2020 年专用设备制造业"科技竞争力 TOP 300"核心上市企业技术竞争强度及排名

证券代码	证券简称	技术竞争强度	排名
002008.SZ	大族激光	0.7049	7
300450.SZ	先导智能	0.6813	11
002204.SZ	大连重工	0.5989	40
601608.SH	中信重工	0.5759	49
002371.SZ	北方华创	0	252

4.3.6　创新力分析

2020 年，专用设备制造业"科技竞争力 TOP 300"核心上市企业核心发明专利数量及行业中位数如图 4-34 所示，具体数值及排名见表 4-34。从图 4-34 和表 4-34 可以看出，所有"科技竞争力 TOP 300"核心上市企业的核心发明专利数量都远高于行业中位数，这表明，上述企业的创新力在同行业中均具有明显竞争优势。在 5 家"科技竞争力 TOP 300"核心上市企业中，共有 2 家企业进入该行业核心发明专利数量最多的前 10 家上市企业行列，分别为大族激光和先导智能。其中，大族激光以高达 3827 件核心发明专利数量的绝对优势位居行业第 2 名，先导智能则以 1293 件核心发明专利数量在行业内排名第 8 位。

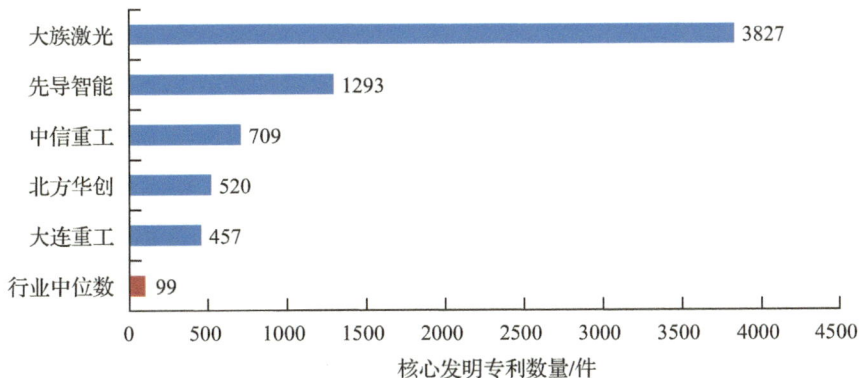

图 4-34　2020 年专用设备制造业"科技竞争力 TOP 300"核心上市企业核心发明专利数量及行业中位数

表 4-34　2020 年专用设备制造业"科技竞争力 TOP 300"核心上市企业核心发明专利数量及排名

证券代码	证券简称	核心发明专利数量 / 件	排名
002008.SZ	大族激光	3827	2
300450.SZ	先导智能	1293	8
601608.SH	中信重工	709	17
002371.SZ	北方华创	520	24
002204.SZ	大连重工	457	27

4.3.7　市场表现分析

2020 年，专用设备制造业"科技竞争力 TOP 300"核心上市企业年化波动率和年化收益率及其行业中位数如图 4-35 和图 4-36 所示，具体数值见表 4-35 和表 4-36。如图 4-35 和表 4-35 所示，专用设备制造业的上市企业股价年化波动率中位数高达 53.95%，仅有北方华创这 1 家"科技竞争力 TOP 300"核心上市企业的股价年化波动率高于行业中位数，其年化波动率为 67.03%，在行业内仅排名第 59 位，而股价年化波动率最小的中信重工，其年化波动率仅为 39.10%，在行业内排名第 228 位。可以看到，专用设备制造业"科技竞争力 TOP 300"核心上市企业的股价年化波动率普遍相对较小。

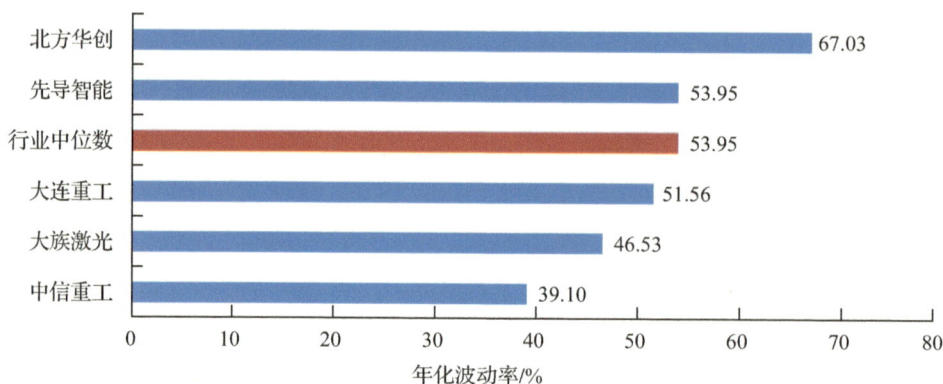

图 4-35　2020 年专用设备制造业"科技竞争力 TOP 300"核心上市企业年化波动率及行业中位数

表 4-35   2020 年专用设备制造业 "科技竞争力 TOP 300" 核心上市企业年化波动率及排名

证券代码	证券简称	年化波动率 /%	排名
002371.SZ	北方华创	67.03	59
300450.SZ	先导智能	53.95	128
002204.SZ	大连重工	51.56	143
002008.SZ	大族激光	46.53	178
601608.SH	中信重工	39.10	228

如图 4-36 和表 4-36 所示,进一步对比"科技竞争力 TOP 300"核心上市企业及其所属行业的年化收益率可以发现,专用设备制造业的上市企业股票年化收益率中位数为 8.57%。在 5 家"科技竞争力 TOP 300"核心上市企业中,共有 3 家企业的股票年化收益率高于行业中位数。其中,北方华创以 109.54% 的年化收益率位居行业第 29 名,其次是年化收益率为 90.74% 的先导智能。结合其他指标的分析可以发现,上述 2 家企业同时也是在市值规模、盈利能力、研发投入等方面表现较好的企业。

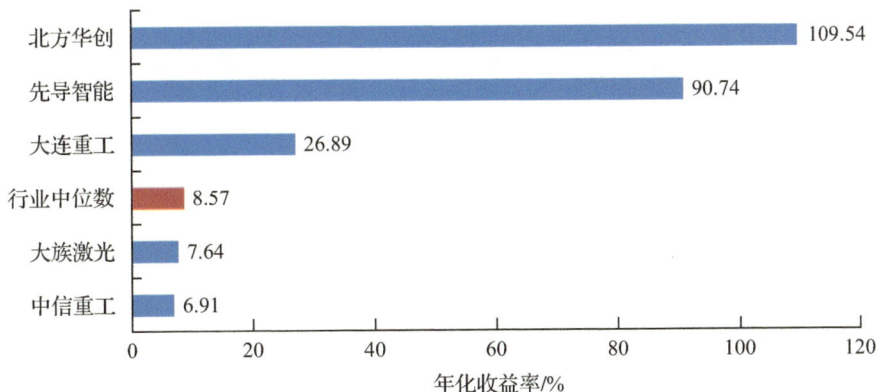

图 4-36   2020 年专用设备制造业 "科技竞争力 TOP 300" 核心上市企业年化收益率及行业中位数

表 4-36   2020 年专用设备制造业"科技竞争力 TOP 300"核心上市企业年化收益率及排名

证券代码	证券简称	年化收益率 /%	排名
002371.SZ	北方华创	109.54	29
300450.SZ	先导智能	90.74	40
002204.SZ	大连重工	26.89	100
002008.SZ	大族激光	7.64	132
601608.SH	中信重工	6.91	134

4.4   电气机械和器材制造业

4.4.1   市值规模分析

2020 年，电气机械和器材制造业"科技竞争力 TOP 300"核心上市企业总市值、自由流通市值及其行业中位数如图 4-37 和图 4-38 所示，具体数值及排名见表 4-37 和表 4-38，统计日期为 2020 年 12 月 31 日。

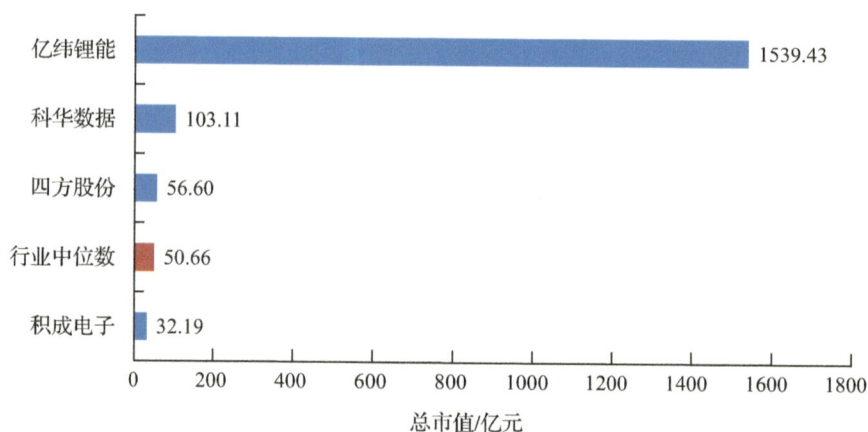

图 4-37   2020 年电气机械和器材制造业"科技竞争力 TOP 300"核心上市企业总市值及行业中位数

表 4-37　2020 年电气机械和器材制造业"科技竞争力 TOP 300"核心上市企业总市值及排名

证券代码	证券简称	总市值/亿元	排名
300014.SZ	亿纬锂能	1539.43	6
002335.SZ	科华数据	103.11	66
601126.SH	四方股份	56.60	113
002339.SZ	积成电子	32.19	184

从图 4-37 和表 4-37 可以看到,在 4 家"科技竞争力 TOP 300"核心上市企业中,共有 3 家企业的总市值高于行业中位数,且以亿纬锂能最为突出,该企业以高达 1539.43 亿元的总市值位列行业第 6 名。相比之下,紧随其后的科华数据则仅以 103.11 亿元的总市值居行业第 66 位。同样,在自由流通市值方面(图 4-38、表 4-38),亿纬锂能仍旧以 925.79 亿元的巨大优势排名行业第 6 位,科华数据则以 53.22 亿元的自由流通市值在行业内排名第 61 位。

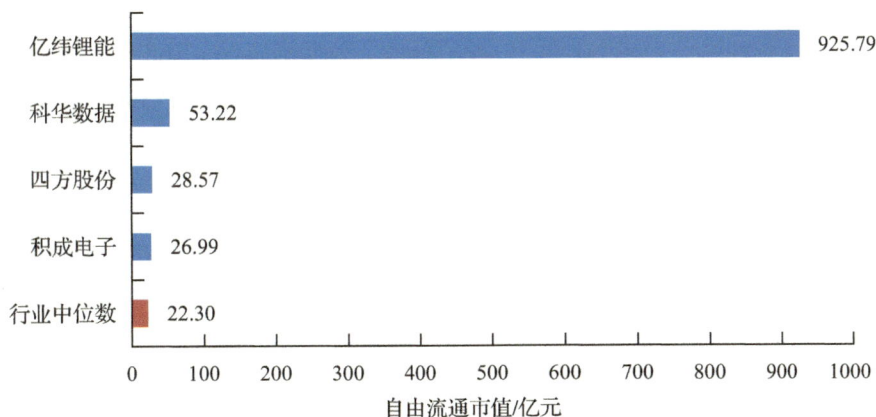

图 4-38　2020 年电气机械和器材制造业"科技竞争力 TOP 300"核心上市企业自由流通市值及行业中位数

表 4-38　2020 年电气机械和器材制造业"科技竞争力 TOP 300"核心上市企业自由流通市值及排名

证券代码	证券简称	自由流通市值 / 亿元	排名
300014.SZ	亿纬锂能	925.79	6
002335.SZ	科华数据	53.22	61
601126.SH	四方股份	28.57	106
002339.SZ	积成电子	26.99	117

4.4.2　盈利能力分析

2020 年，电气机械和器材制造业"科技竞争力 TOP 300"核心上市企业的营业收入、营业利润、净资产收益率及其行业中位数如图 4-39 至图 4-41 所示，具体数值及排名见表 4-39 至表 4-41。

从图 4-39 和表 4-39 可以看出，4 家"科技竞争力 TOP 300"核心上市企业的营业收入均高于行业中位数，且仍然以市值规模较大的亿纬锂能、科华数据、四方股份这 3 家企业表现最佳。其中，营业收入最高的亿纬锂能以约 81.62 亿元营业收入位居行业第 39 名，而科华数据则以约 41.68 亿元的营业收入在行业内排名第 76 位。可以看到，上述"科技竞争力 TOP 300"核心上市企业的营业收入规模在行业内并未表现出明显优势。

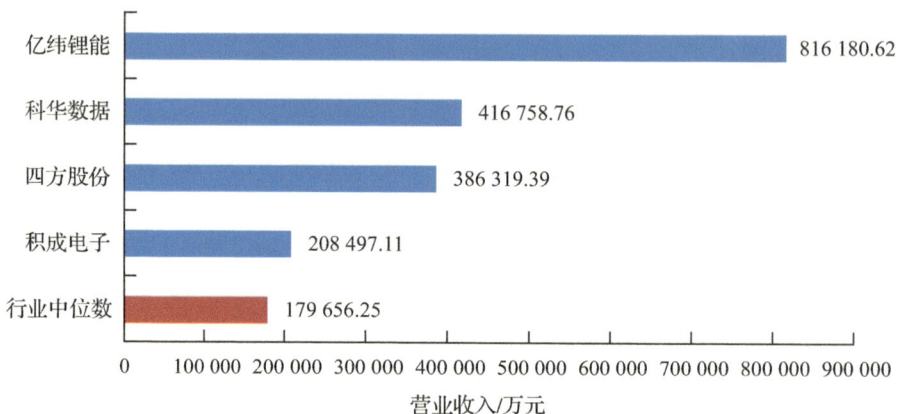

图 4-39　2020 年电气机械和器材制造业"科技竞争力 TOP 300"核心上市企业营业收入及行业中位数

表 4-39   2020 年电气机械和器材制造业"科技竞争力 TOP 300"核心上市企业营业收入
及排名

证券代码	证券简称	营业收入 / 万元	排名
300014.SZ	亿纬锂能	816 180.62	39
002335.SZ	科华数据	416 758.76	76
601126.SH	四方股份	386 319.39	81
002339.SZ	积成电子	208 497.11	122

如图 4-40 和表 4-40 所示,在营业利润方面,在 4 家核心上市企业中,
共有 3 家企业高于行业中位数,其中,亿纬锂能以高达 19.29 亿元的年度营业
利润排名行业第 14 位。相比之下,科华数据和四方股份则分别以 4.51 亿元和
3.84 亿元的营业利润在行业内排名第 61 位和第 69 位。

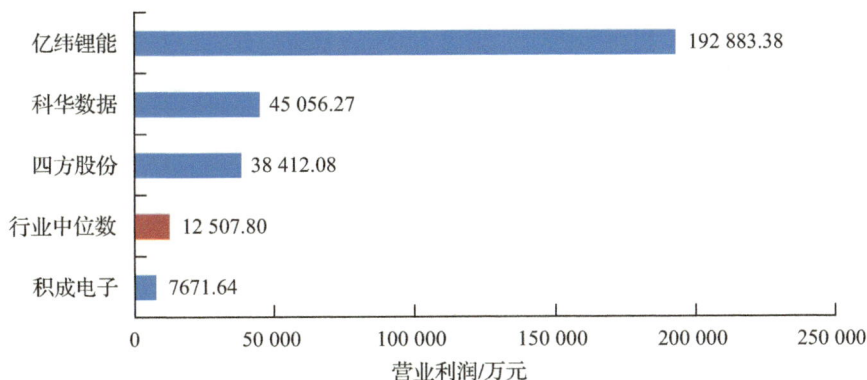

图 4-40   2020 年电气机械和器材制造业"科技竞争力 TOP 300"核心上市企业营业利润
及行业中位数

表 4-40   2020 年电气机械和器材制造业"科技竞争力 TOP 300"核心上市企业营业利润
及排名

证券代码	证券简称	营业利润 / 万元	排名
300014.SZ	亿纬锂能	192 883.38	14
002335.SZ	科华数据	45 056.27	61
601126.SH	四方股份	38 412.08	69
002339.SZ	积成电子	7671.64	179

　　进一步对比上述企业及其所属行业在净资产收益率方面的差异可以看到（图 4-41、表 4-41），仅亿纬锂能和科华数据这 2 家"科技竞争力 TOP 300"核心上市企业的净资产收益率高于 10%，且以微弱优势超出行业中位数。其中，亿纬锂能以 15.33% 的净资产收益率在行业内排名第 68 位，科华数据则以 12.15% 的净资产收益率在行业内排名第 100 位。可以看到，上述"科技竞争力 TOP 300"核心上市企业并未在投资收益水平方面表现出明显优势，其中投资收益水平较好的企业也均为在市值规模、营业收入、营业利润等方面表现相对较好的企业。

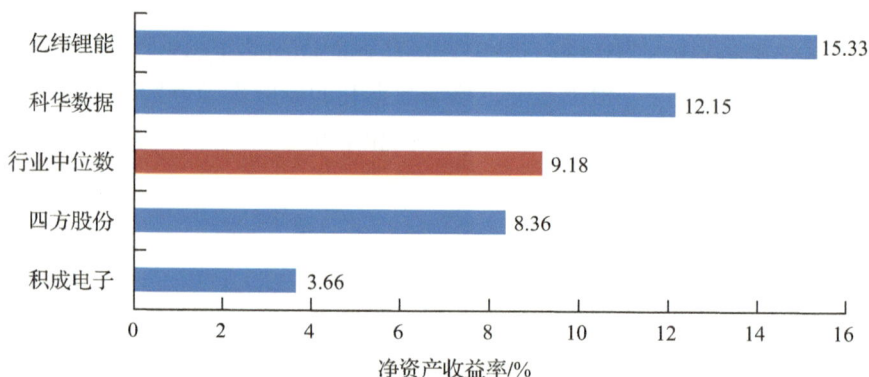

图 4-41　2020 年电气机械和器材制造业"科技竞争力 TOP 300"核心上市企业净资产收益率及行业中位数

表 4-41　2020 年电气机械和器材制造业"科技竞争力 TOP 300"核心上市企业净资产收益率及排名

证券代码	证券简称	净资产收益率 /%	排名
300014.SZ	亿纬锂能	15.33	68
002335.SZ	科华数据	12.15	100
601126.SH	四方股份	8.36	150
002339.SZ	积成电子	3.66	192

4.4.3　研发投入分析

　　2020 年，电气机械和器材制造业"科技竞争力 TOP 300"核心上市企业研发支出合计及行业中位数、研发支出总额占营业收入比例及行业中位数如图 4-42 和图 4-43 所示，具体数值及排名见表 4-42 和表 4-43。

如图 4-42 和表 4-42 所示，整体而言，该行业的 "科技竞争力 TOP 300" 核心上市企业的研发投入规模都远超行业中位数，且以亿纬锂能尤为突出，该企业以高达 7.23 亿元的研发支出排在行业第 19 位，而四方股份则以 4.40 亿元的研发支出在行业内排名第 26 位。

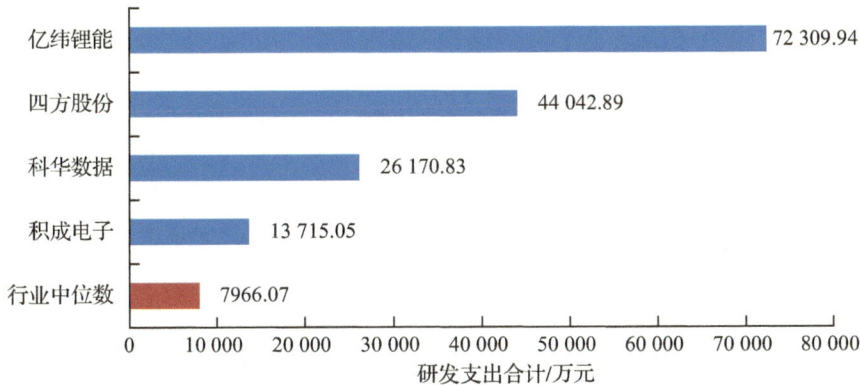

图 4-42　2020 年电气机械和器材制造业 "科技竞争力 TOP 300" 核心上市企业研发支出合计及行业中位数

表 4-42　2020 年电气机械和器材制造业 "科技竞争力 TOP 300" 核心上市企业研发支出合计及排名

证券代码	证券简称	研发支出合计 / 万元	排名
300014.SZ	亿纬锂能	72 309.94	19
601126.SH	四方股份	44 042.89	26
002335.SZ	科华数据	26 170.83	63
002339.SZ	积成电子	13 715.05	95

相比之下，在研发投入强度方面（图 4-43、表 4-43），该行业的 "科技竞争力 TOP 300" 核心上市企业则表现参差不齐。其中，研发投入规模为 4.40 亿元，行业排名第 26 位的四方股份，以高达 11.40% 的研发投入强度位列 "科技竞争力 TOP 300" 核心上市企业之首。值得一提的是，在市值规模、盈利

能力和研发投入规模等方面在"科技竞争力 TOP 300"核心上市企业中表现较为落后的积成电子，也以 6.58% 的研发投入强度排名行业第 48 位。

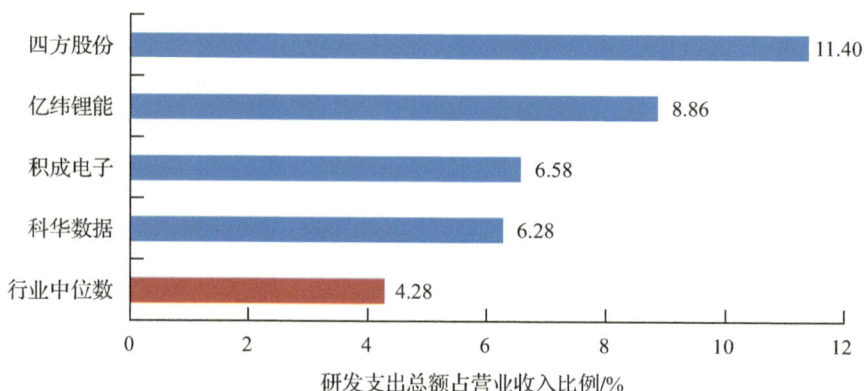

图 4-43　2020 年电气机械和器材制造业"科技竞争力 TOP 300"核心上市企业研发支出总额占营业收入比例及行业中位数

表 4-43　2020 年电气机械和器材制造业"科技竞争力 TOP 300"核心上市企业研发支出总额占营业收入比例及排名

证券代码	证券简称	研发支出总额占营业收入比例 /%	排名
601126.SH	四方股份	11.40	8
300014.SZ	亿纬锂能	8.86	21
002339.SZ	积成电子	6.58	48
002335.SZ	科华数据	6.28	53

4.4.4　成长性分析

2020 年，电气机械和器材制造业"科技竞争力 TOP 300"核心上市企业归属母公司股东的净利润（同比增长率）及行业中位数如图 4-44 所示，具体数值及排名见表 4-44。如图 4-44 和表 4-44 所示，电气机械和器材制造业的归属母公司股东的净利润（同比增长率）中位数为 14.42%，这表明，在该行业中绝大多数的企业均处于快速成长期。其中，在 4 家"科技竞争力 TOP 300"核心上市企业中，成长性最强的是科华数据，该企业以 84.34% 的归属母公司股东的净利润（同比增长率）位列行业第 58 名，其次是排名第 59 位的四方股份，其归属母公司股东的净利润（同比增长率）为 83.07%。值得一提的是，在市值规模、盈利能力和研发投入等方面表现优异的企业，如亿纬锂能，其成长性在同行业内并未表现出显著优势，其 2020 年归属母公司股东的净利润（同比增长率）仅为 8.54%，行业排名第 156 位。

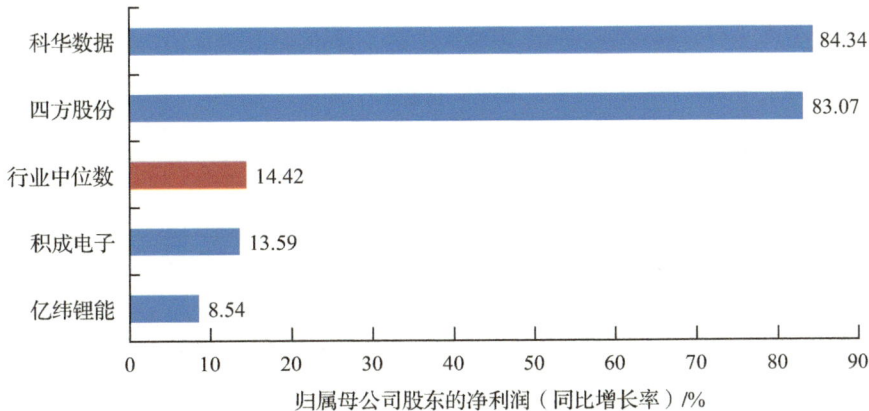

图 4-44　2020 年电气机械和器材制造业"科技竞争力 TOP 300"核心上市企业归属母公司股东的净利润（同比增长率）及行业中位数

表 4-44　2020 年电气机械和器材制造业"科技竞争力 TOP 300"核心上市企业归属母公司股东的净利润（同比增长率）及排名

证券代码	证券简称	归属母公司股东的净利润（同比增长率）/%	排名
002335.SZ	科华数据	84.34	58
601126.SH	四方股份	83.07	59
002339.SZ	积成电子	13.59	140
300014.SZ	亿纬锂能	8.54	156

4.4.5　竞争性分析

2020 年，电气机械和器材制造业"科技竞争力 TOP 300"核心上市企业技术竞争强度及行业中位数如图 4-45 所示，具体数值及排名见表 4-45。如图 4-45 和表 4-45 所示，除科华数据外，该行业内"科技竞争力 TOP 300"核心上市企业的技术竞争强度均高于行业中位数，且以四方股份、亿纬锂能尤为显著。其中，四方股份以 0.8178 的技术竞争强度居行业第 8 位，其次是技术竞争强度为 0.7963 且排名行业第 15 位的亿纬锂能。这表明，在电气机械和器材制造业中，四方股份和亿纬锂能处于行业内企业竞争的相对核心地位。

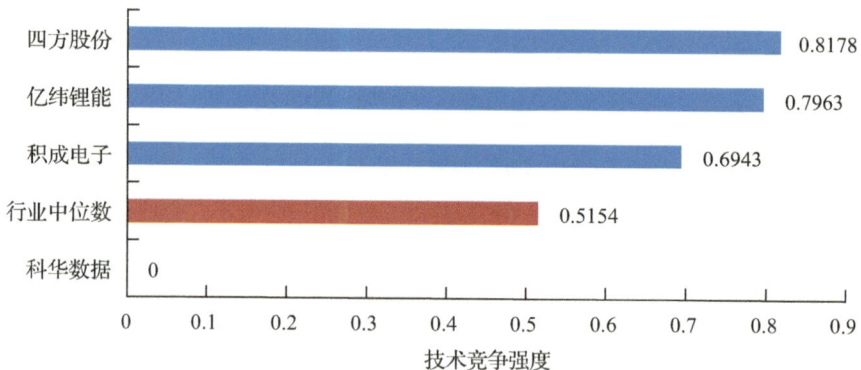

图 4-45   2020 年电气机械和器材制造业"科技竞争力 TOP 300"核心上市企业技术竞争
强度及行业中位数

表 4-45   2020 年电气机械和器材制造业"科技竞争力 TOP 300"核心上市企业技术竞争
强度及排名

证券代码	证券简称	技术竞争强度	排名
601126.SH	四方股份	0.8178	8
300014.SZ	亿纬锂能	0.7963	15
002339.SZ	积成电子	0.6943	51
002335.SZ	科华数据	0	250

4.4.6   创新力分析

2020 年，电气机械和器材制造业"科技竞争力 TOP 300"核心上市企业核心发明专利数量及行业中位数如图 4-46 所示，具体数值及排名见表 4-46。从图 4-46 和表 4-46 可以看出，4 家"科技竞争力 TOP 300"核心上市企业的核心发明专利数量都高于行业中位数。其中，四方股份以累计 715 件核心发明专利数量居行业第 24 位，科华数据则以累计 644 件核心发明专利数量紧随其后，居行业第 28 位。可以看到，上述"科技竞争力 TOP 300"核心上市企业在同行业内具有相对较强的竞争实力，但仍然缺乏显著的竞争优势。

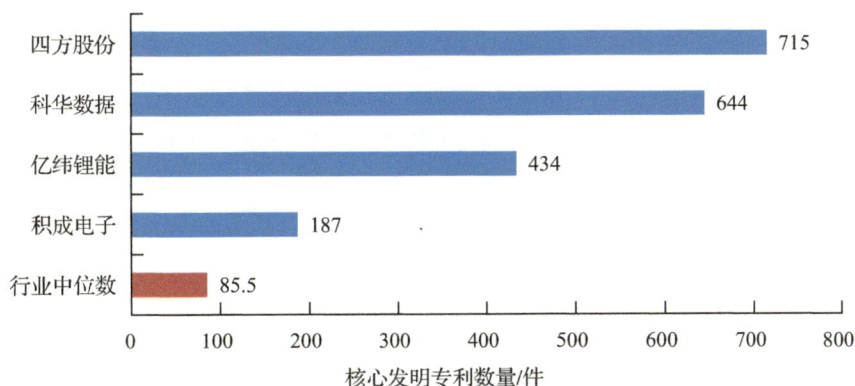

图 4-46   2020 年电气机械和器材制造业 "科技竞争力 TOP 300" 核心上市企业核心发明
专利数量及行业中位数

表 4-46   2020 年电气机械和器材制造业 "科技竞争力 TOP 300" 核心上市企业核心发明
专利数量及排名

证券代码	证券简称	核心发明专利数量 / 件	排名
601126.SH	四方股份	715	24
002335.SZ	科华数据	644	28
300014.SZ	亿纬锂能	434	41
002339.SZ	积成电子	187	82

4.4.7 市场表现分析

2020 年，电气机械和器材制造业 "科技竞争力 TOP 300" 核心上市企业年化波动率和年化收益率及其行业中位数如图 4-47 和图 4-48 所示，具体数值见表 4-47 和表 4-48。

如图 4-47 和表 4-47 所示，电气机械和器材制造业的上市企业股价年化波动率中位数高达 51.21%。其中，仅有 2 家 "科技竞争力 TOP 300" 核心上市企业的股价年化波动率高于行业中位数，且以科华数据的年化波动率最高，为 60.58%，其次是亿纬锂能（59.45%）。相比之下，四方股份、积成电子上市企业的年化波动率则维持在 40% ～ 50% 的较低水平。

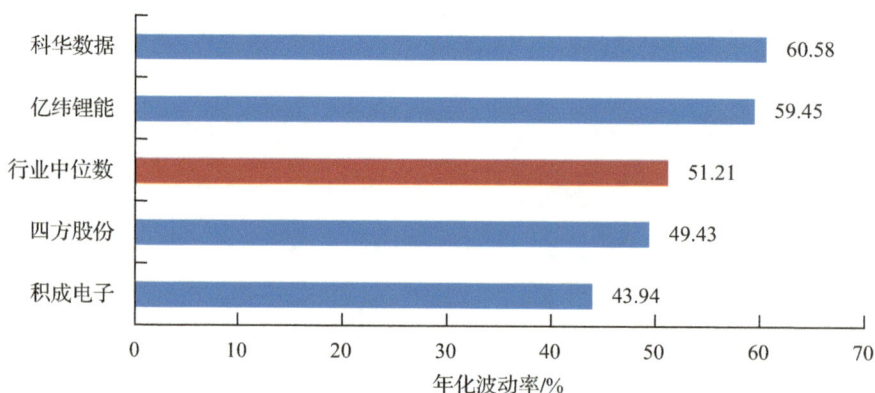

图 4-47　2020 年电气机械和器材制造业"科技竞争力 TOP 300"核心上市企业年化波动率及行业中位数

表 4-47　2020 年电气机械和器材制造业"科技竞争力 TOP 300"核心上市企业年化波动率及排名

证券代码	证券简称	年化波动率 /%	排名
002335.SZ	科华数据	60.58	70
300014.SZ	亿纬锂能	59.45	76
601126.SH	四方股份	49.43	137
002339.SZ	积成电子	43.94	186

　　如图 4-48 和表 4-48 所示,进一步对比"科技竞争力 TOP 300"核心上市企业及其所属行业的年化收益率发现,在电气机械和器材制造业中,共有 3 家"科技竞争力 TOP 300"核心上市企业的年化收益率高于行业中位数,且以亿纬锂能尤为显著。其中,亿纬锂能以 218.98% 的年化收益率位列行业第 14 名,其次是年化收益率为 145.90% 的科华数据,行业排名第 23 位。可以看到,在该行业中,股票年化收益率较高的"科技竞争力 TOP 300"核心上市企业都是在市值规模、盈利能力等方面具备明显优势的上市企业。

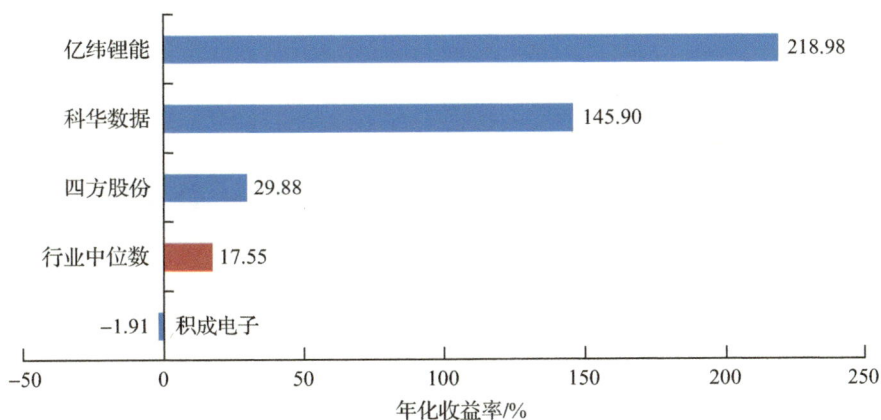

图 4-48　2020 年电气机械和器材制造业"科技竞争力 TOP 300"核心上市企业年化收益率及行业中位数

表 4-48　2020 年电气机械和器材制造业"科技竞争力 TOP 300"核心上市企业年化收益率及排名

证券代码	证券简称	年化收益率 /%	排名
300014.SZ	亿纬锂能	218.98	14
002335.SZ	科华数据	145.90	23
601126.SH	四方股份	29.88	105
002339.SZ	积成电子	−1.91	174

第5章 代表性企业对比分析

前文主要从宏观层面展开分析，第3章围绕"科技竞争力TOP 300"与"沪深300"成分股进行对比分析；第4章聚焦"科技竞争力TOP 300"遴选出的核心上市企业，按照整体行业进行优势分析。第5章则将在前文基础上，分别从"科技竞争力TOP 300"核心上市企业和"沪深300"成分股中，按行业选择与主营产品重合的上市企业，进行微观层面的对比分析。遴选范围主要是"科技竞争力TOP 300"核心上市企业分布密集的行业（表5-1），如计算机、通信和其他电子设备制造业，软件和信息技术服务业，专用设备制造业，电气机械和器材制造业。

表5-1 各行业"科技竞争力 TOP 300"核心上市企业数量分布情况

单位：家

证监会大类行业名称	上市企业数量	证监会大类行业名称	上市企业数量
计算机、通信和其他电子设备制造业	26	医药制造业	2
软件和信息技术服务业	9	汽车制造业	2
专用设备制造业	5	开采辅助活动	1
电气机械和器材制造业	4	互联网和相关服务	1
通用设备制造业	2	仪器仪表制造业	1
化学原料和化学制品制造业	2	橡胶和塑料制品业	1

代表性企业遴选方法为以下内容。

①下载"沪深 300"近 3 年成分股,去除重复值。

②去除"沪深 300"与"科技竞争力 TOP 300"重合的上市企业,共计 16 家。

③缩小"科技竞争力 TOP 300"遴选范围。选取"科技竞争力 TOP 300"核心上市企业,共计 56 家,根据证监会行业大类的划分标准,对企业进行行业划分,分布情况如表 5-1 所示。

④主营产品名称和主营产品类型进行对比。

⑤遴选结果:除专用设备制造业未遴选出与主营产品重合或接近的上市企业外,其他 3 个行业分别遴选出 1 对上市企业进行微观对比,如表 5-2 所示。

表 5-2　代表性企业对比分析样本

证监会大类行业名称	"科技竞争力 TOP 300"核心上市企业	"沪深 300"成分股企业
计算机、通信和其他电子设备制造业	兴森科技	深南电路
软件和信息技术服务业	东软集团	恒生电子
电气机械和器材制造业	四方股份	汇川技术

5.1　计算机、通信和其他电子设备制造业——"兴森科技"VS"深南电路"

5.1.1　基本情况介绍

从计算机、通信和其他电子设备制造业大类行业中分别遴选出"深圳市兴森快捷电路科技股份有限公司"(简称"兴森科技")和"深南电路股份有限公司"(简称"深南电路"),上市公司的基本情况如表 5-3 所示,其中兴森科技遴选自"科技竞争力 TOP 300"核心上市企业,深南电路遴选自"沪深 300"成分股企业。

表 5-3　兴森科技与深南电路基本情况介绍

公司名称	深圳市兴森快捷电路科技股份有限公司	深南电路股份有限公司
所属行业	信息技术—技术硬件与设备—电子设备、仪器和元件—电子元件	信息技术—技术硬件与设备—电子设备、仪器和元件—电子元件
成立日期	1999 年 3 月 18 日	1984 年 7 月 3 日
上市日期	2010 年 6 月 18 日	2017 年 12 月 13 日
注册资本 / 元	1 487 917 558	489 315 846
注册地址	广东省深圳市南山区粤海街道沙河西路与白石路交汇处深圳湾科技生态园一区 2 栋 A 座 8-9 层	广东省深圳市龙岗区坪地街道盐龙大道 1639 号
员工总数 / 人	5997	12 823
第一股东及持股比例	邱醒亚（16.42%）	中航国际控股有限公司（67.05%）
公司简介	深圳市兴森快捷电路科技股份有限公司是国内最大的印制电路样板小批量板快件制造商，一直致力于为国内外高科技电子企业和科研单位服务	深南电路股份有限公司始终专注于电子互联领域，致力于"打造世界级电子电路技术与解决方案的集成商"，拥有印制电路板、封装基板及电子装联三项业务，形成了业界独特的"3-In-One"业务布局：即以互联为核心，在不断强化印制电路板业务领先地位的同时，大力发展与其"技术同根"的封装基板业务及"客户同源"的电子装联业务
产品经营范围	产品广泛运用于通信、网络、工业控制、计算机应用、国防军工、航天、医疗等行业领域。公司先后成为华为、中兴核心快件样板供应商，并与 5000 多家海内外知名品牌公司及电子研发类企业建立了良好的合作关系	公司具备提供"样品→中小批量→大批量"的综合制造能力，通过开展方案设计、制造、电子装联、微组装和测试等全价值链服务，为客户提供专业高效的一站式综合解决方案
公司定位	兴森科技成为国内中高端 PCB 样板小批量板制造领域的著名品牌，该公司为 PCB 设计—PCB 制造—SMT 贴装完整产业链的硬件外包设计综合解决方案提供商	公司为国家火炬计划重点高新技术企业、印制电路板行业首家国家技术创新示范企业及国家企业技术中心；同时，公司为中国电子电路行业协会（CPCA）的理事长单位及标准委员会会长单位，主导、参与了多项行业标准的制定

5.1.2　市值规模分析

本章在原有整体架构上的对比更加微观，在市值规模分析部分，除了针对企业的市值规模进行分析以外，还要进一步对比上市企业市值的估价是否合理。市盈率（PE）对于个股、类股及大盘都具有很重要的参考价值，用于评估股价的水平是否合理。市盈率指股票的本益比，也称为"利润收益率"。本益比是某种股票普通股每股市价与每股盈利的比率。如果股价上升，但利润没有变化，甚至下降，则市盈率将会上升。

兴森科技和深南电路的 2020 年总市值、自由流通市值如图 5-1 和图 5-2 所示，统计日期为 2020 年 12 月 31 日。截至 2020 年 12 月 31 日，兴森科技总市值为 140.78 亿元，远超行业总市值中位数 62.92 亿元，但远远不及同期总市值高达 528.76 亿元的深南电路。同时，在自由流通市值方面，截至 2020 年 12 月 31 日，兴森科技自由流通市值达到 106.96 亿元，约为同行业上市企业自由流通市值中位数的 3.51 倍，相比之下，深南电路的自由流通市值则约为行业中位数的 5.43 倍。可以看到，在市值规模方面，作为"科技竞争力 TOP 300"核心企业的兴森科技与作为"沪深 300"成分股的深南电路仍然存在较大差距，且以总市值差距尤为显著。

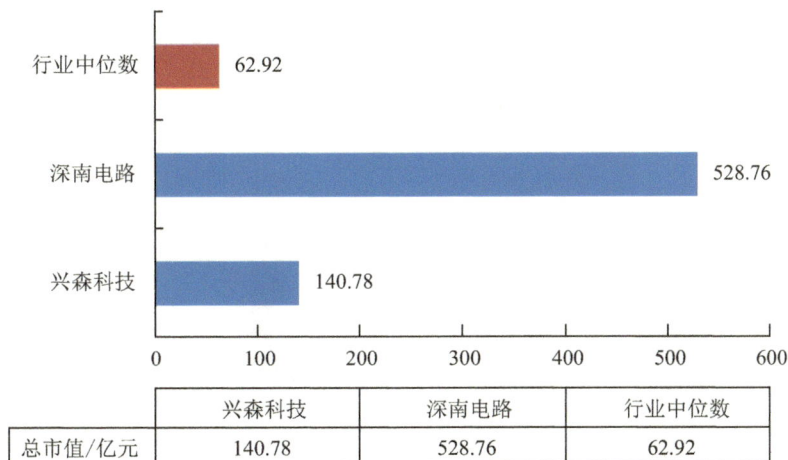

	兴森科技	深南电路	行业中位数
总市值/亿元	140.78	528.76	62.92

图 5-1　2020 年兴森科技与深南电路总市值

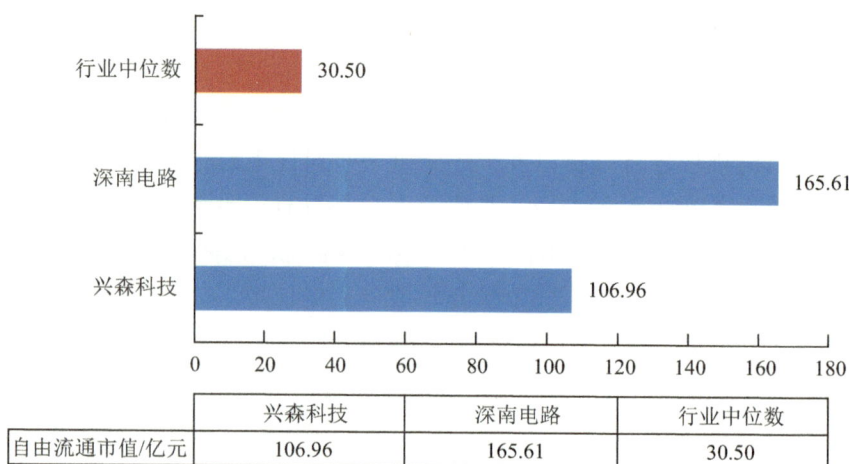

	兴森科技	深南电路	行业中位数
自由流通市值/亿元	106.96	165.61	30.50

图 5-2　2020 年兴森科技与深南电路自由流通市值

2018—2020 年，计算机、通信和其他电子设备制造业中兴森科技和深南电路的总市值、自由流通市值如图 5-3 所示，具体数值见表 5-4。

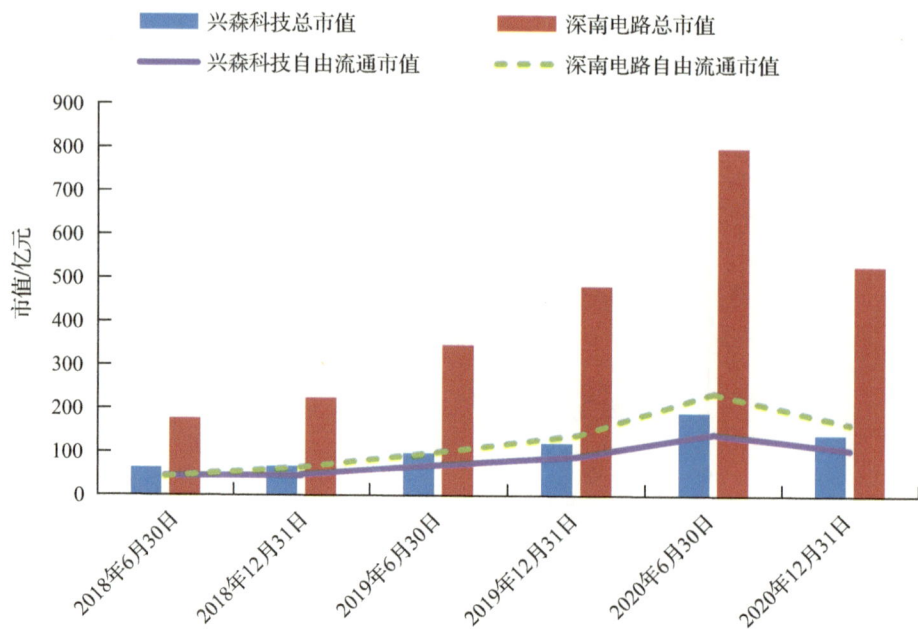

图 5-3　2018—2020 年兴森科技与深南电路市值规模分析

如图 5-3 所示，从 2018—2020 年整体趋势来看，深南电路的总市值远高于兴森科技，相比之下，二者的自由流通市值差距较小，这反映出深南电路在 2018—2020 年股票总价值远高于兴森科技，但真实流通规模差距不大。

表 5-4　2018—2020 年兴森科技与深南电路市值规模分析

单位：亿元

证券简称	市值规模指标	2018 年 6 月 30 日	2018 年 12 月 31 日	2019 年 6 月 30 日	2019 年 12 月 31 日	2020 年 6 月 30 日	2020 年 12 月 31 日
兴森科技	总市值	63.83	67.26	97.46	121.12	190.90	140.78
深南电路	总市值	177.83	224.48	345.88	482.23	799.30	528.76
兴森科技	自由流通市值	45.50	48.91	70.93	90.95	143.20	106.96
深南电路	自由流通市值	44.46	65.87	100.62	140.28	236.02	165.61

进一步分析兴森科技和深南电路两家上市企业的估价是否合理。如表 5-5 所示，2018—2020 年，兴森科技和深南电路的年度区间平均市盈率均低于行业中位数，其中 2020 年，兴森科技和深南电路的年平均市盈率分别为 51.64 倍和 51.28 倍，低于所属行业的企业年平均市盈率中位数 61.33 倍。说明这两家上市企业与同行业的计算机、通信和其他电子设备制造业企业相比，估值处于偏低水平。

表 5-5　2018—2020 年兴森科技与深南电路区间平均市盈率

证券简称	2018 年区间平均市盈率（TTM）	2019 年区间平均市盈率（TTM）	2020 年区间平均市盈率（TTM）
兴森科技	41.18	40.13	51.64
深南电路	43.42	47.34	51.28
行业中位数	48.49	47.99	61.33

股票价值通常能够反映投资者对上市企业未来经营发展的预期。基金相当于购买一篮子股票，其最大的特征是在保障收益的基础上，防范风险。而基金重仓股指一种股票被多家基金公司重仓持有并占流通市值的 20% 以上，也就是说这种股票有 20% 以上被基金持有。基金在选取重仓股时主要考虑以

下 3 个要素:第一,选取净利润增长速度远超过主营业务利润增长的公司;第二,聚焦业绩开始出现反转的个股;第三,考虑市盈率,即与同行业、同类股票相比,估值低的公司。因此,比较重仓基金持股数量的多少,可以多一个外在评价维度,以判断当前上市企业经营状况。

以 2021 年 9 月 30 日为报告期节点,查阅兴森科技和深南电路两家股票的重仓基金持股数量,计算出重仓基金持股数量占流通股比例,如表 5-6 所示。故兴森科技重仓基金持股数量占流通股合计比值更高,这反映出兴森科技更受基金追捧。兴森科技与深南电路重仓基金名称及持股数量详见表 5-7 和表 5-8。

表 5-6　兴森科技与深南电路流通股及重仓基金持股数量

证券简称	流通股合计 / 万股	重仓基金持股数量 / 万股	重仓基金持股数量占流通股比例 /%
兴森科技	1 940 575.4475	3127.2	0.1611
深南电路	1 161 874.0107	36.65	0.0032

注:报告期节点为 2021 年 9 月 30 日。

表 5-7　兴森科技重仓基金

基金代码	基金名称	持股数量 / 万股	季报持仓变动 / 万股
519003.OF	海富通收益增长	342.14	342.14
050016.OF	博时宏观回报 AB	199.97	199.97
005886.OF	华夏鼎沛 A	120.25	120.25
050023.OF	博时天颐 A	101.28	101.28
004044.OF	金鹰转型动力	50.00	50.00
003331.OF	博时乐臻	27.57	27.57
011685.OF	创金合信先进装备 A	15.57	15.57
010547.OF	博时恒进 6 个月持有 A	12.69	12.69
005128.OF	华夏永康添福	3.71	3.71
519133.OF	海富通改革驱动	2254.02	2254.02

注:报告期节点为 2021 年 9 月 30 日。

表 5-8　深南电路重仓基金

基金代码	基金名称	持股数量 / 万股	季报持仓变动 / 万股
233012.OF	大摩多元收益 A	29.00	−4.25
000502.OF	华富恒富 18 个月 A	4.74	0
005477.OF	长安鑫禧 A	1.25	1.25
001829.OF	北信瑞丰中国智造主题	0.90	0.90
002123.OF	北信瑞丰外延增长	0.75	0.75
007792.OF	嘉实中证央企创新驱动 ETF 联接 A	0.01	0.01

注：报告期节点为 2021 年 9 月 30 日。

针对从"科技竞争力 TOP 300"核心上市企业与"沪深 300"成分股中分别遴选出的主营业务相近的兴森科技和深南电路两家公司，进行市值规模对比后，可以得到如下结论。

①深南电路 2018—2020 年股票总市值均远高于兴森科技，但自由流通市值的差距较小，说明二者真实流通规模差距不大。

② 2018—2020 年，兴森科技与深南电路的分年度区间平均市盈率均略低于行业中位数。这表明，相较于其所处行业而言，兴森科技和深南电路二者股票的估值处于正常区间，其市值未被高估。

③截至 2021 年 9 月 30 日，通过对重仓基金持股数量进行比较发现，相较于深南电路，兴森科技更受到基金的重仓追捧。

5.1.3　盈利能力分析

2020 年，兴森科技和深南电路的营业收入、营业利润及具体数值如图 5-4 和图 5-5 所示。以 2020 年截面数据来看，在营业收入方面（图 5-4），兴森科技和深南电路均高于 2020 年行业中位数 142 551.89 万元，其中，兴森科技营业收入约为行业中位数的 2.8 倍，深南电路营业收入约为行业中位数的 8.1 倍。可以看到，作为市值规模更大的"沪深 300"成分股企业，深南电路的营业收入规模远大于兴森科技。

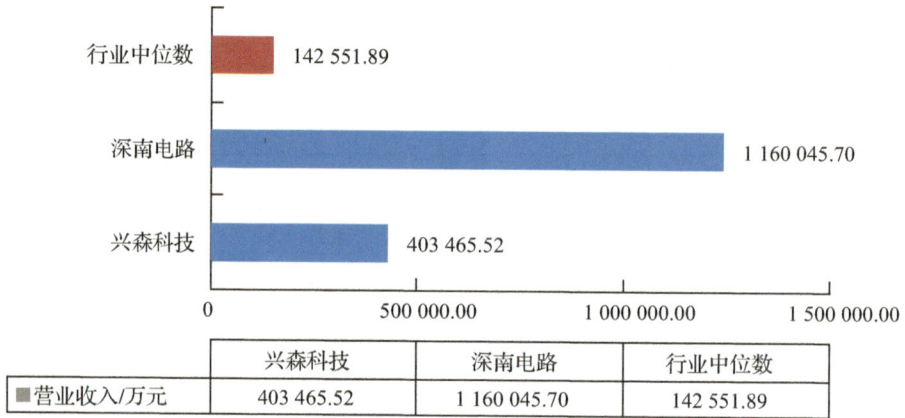

	兴森科技	深南电路	行业中位数
■营业收入/万元	403 465.52	1 160 045.70	142 551.89

图 5-4　2020 年兴森科技与深南电路营业收入

在营业利润方面（图 5-5），2020 年，兴森科技和深南电路均高于行业中位数 12 448.65 万元，其中，兴森科技营业利润约为行业中位数的 4.9 倍，深南电路营业利润约为行业中位数的 13.1 倍。

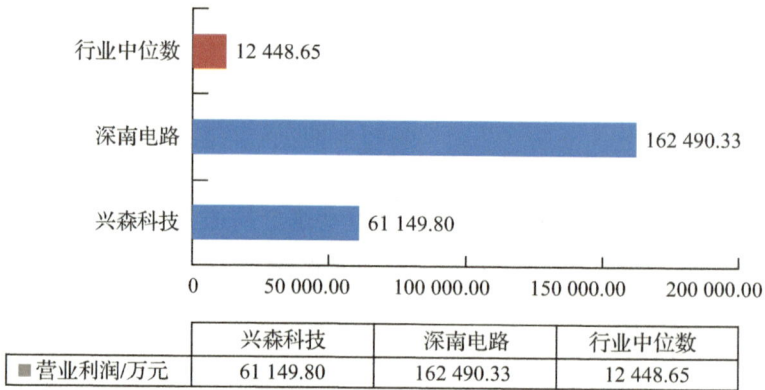

	兴森科技	深南电路	行业中位数
■营业利润/万元	61 149.80	162 490.33	12 448.65

图 5-5　2020 年兴森科技与深南电路营业利润

如图 5-6 所示，进一步对比 2018—2020 年兴森科技与深南电路的盈利能力指标可以发现（具体数值如表 5-9 所示），根据年均增长率公式计算可得，兴森科技近 3 年的营业收入年均增长率为 7.78%，深南电路则为 23.53%；在营业利润年均增长率方面，兴森科技近 3 年的营业利润年均增长率为 48.93%，深南电路则为 43.98%。可以看到，尽管兴森科技近 3 年中营业收入平均增长率远不及深南电路，但是其营业利润平均增长率反超深南电路，说明兴森科技可能具备更强的商品议价能力或成本管控能力，从而能获得更高的毛利率，以实现增利大于增收的效果。

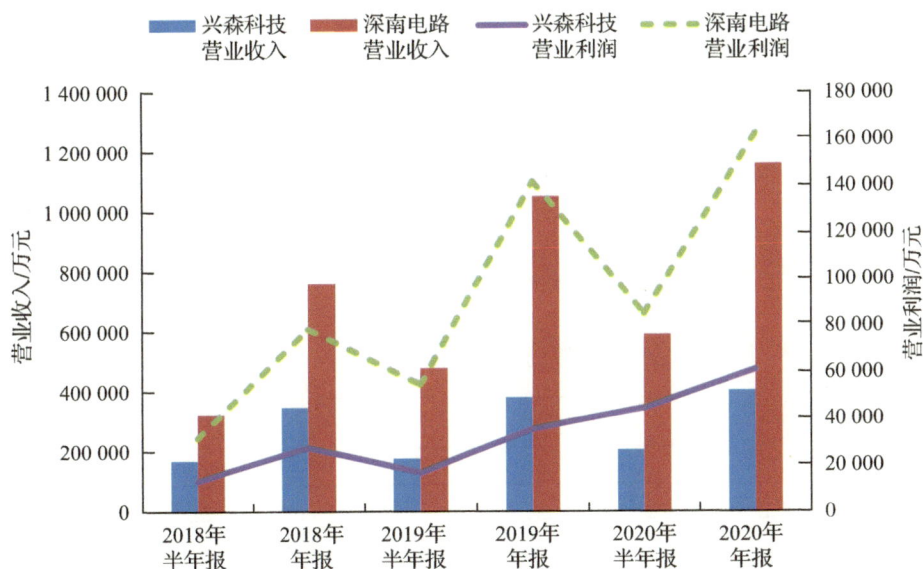

图 5-6　2018—2020 年兴森科技与深南电路盈利能力分析

表 5-9　2018—2020 年兴森科技与深南电路盈利能力分析

单位：万元

证券代码	盈利能力指标	2018 年半年报	2018 年年报	2019 年半年报	2019 年年报	2020 年半年报	2020 年年报
兴森科技	营业收入	169 157.72	347 325.86	176 590.50	380 372.22	204 654.07	403 465.52
兴森科技	营业利润	13 338.57	27 570.73	16 804.21	35 554.04	44 560.13	61 149.80
深南电路	营业收入	323 975.74	760 214.17	479 154.21	1 052 419.69	591 540.22	1 160 045.70
深南电路	营业利润	31 639.42	78 387.67	54 643.90	141 726.87	85 018.02	162 490.33

5.1.4　研发投入分析

　　如图 5-7 所示，以 2020 年截面数据来看，在研发投入规模方面：兴森科技和深南电路均高于行业中位数 10 306.10 万元，其中，兴森科技 2020 年的研发支出合计约为行业中位数的 2.3 倍，而深南电路约为行业中位数的 6.3 倍。可以看到，2020 年，深南电路的研发投入规模远大于兴森科技。

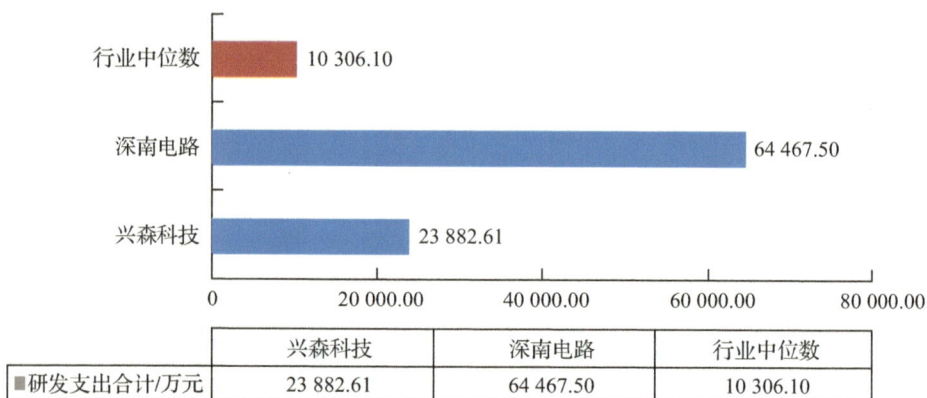

	兴森科技	深南电路	行业中位数
■研发支出合计/万元	23 882.61	64 467.50	10 306.10

图 5-7　2020 年兴森科技与深南电路研发支出合计

　　在研发投入强度方面（图 5-8），2020 年，兴森科技和深南电路的研发支出总额占营业收入比例分别为 5.92% 和 5.56%，略低于行业中位数 6.21%。总的来说，兴森科技和深南电路均处于行业中等研发投入强度范围。

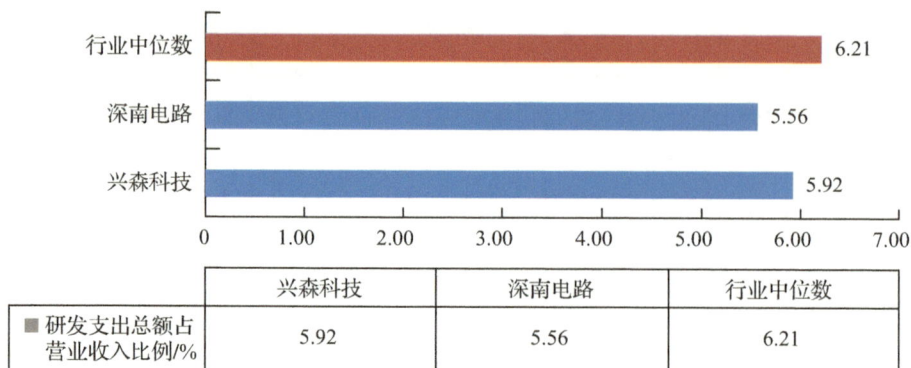

	兴森科技	深南电路	行业中位数
■研发支出总额占营业收入比例/%	5.92	5.56	6.21

图 5-8　2020 年兴森科技与深南电路研发支出总额占营业收入比例

2018—2020 年，兴森科技与深南电路研发投入规模及强度变化情况如图
5-9 所示，具体数值见表 5-10 和表 5-11。经年均增长率公式计算，在研发支
出规模方面，兴森科技近 3 年研发支出规模年均增长率约为 15.33%，深南电
路则为 36.37%；在研发投入强度方面，兴森科技近 3 年研发投入强度年均增
长率为 7.01%，深南电路则为 10.42%。综合以上数据可以看到，深南电路自
2018 年以来逐年加大研发投入力度，无论是从研发投入规模还是强度上，均
高于兴森科技。相较而言，兴森科技近 3 年研发投入规模及研发投入强度的
平均增长趋势均较为稳健。

图 5-9　2018—2020 年兴森科技与深南电路研发投入分析

表 5-10　兴森科技与深南电路研发支出合计

单位：万元

证券简称	2018 年半年报	2018 年年报	2019 年半年报	2019 年年报	2020 年半年报	2020 年年报
兴森科技	8 135.11	17 954.30	9 584.07	19 784.05	10 696.70	23 882.61
深南电路	16 614.52	34 665.87	23 049.76	53 653.98	28 372.15	64 467.50

表 5-11　兴森科技与深南电路研发支出总额占营业收入比例

证券简称	2018 年半年报	2018 年年报	2019 年半年报	2019 年年报	2020 年半年报	2020 年年报
兴森科技	4.81%	5.17%	5.43%	5.20%	5.23%	5.92%
深南电路	5.13%	4.56%	4.81%	5.13%	4.80%	5.56%

5.1.5　成长性分析

2020 年，兴森科技和深南电路的成长性指标如图 5-10 所示。从图中可以看出，兴森科技 2020 年归属母公司股东的净利润（同比增长率）远高于 2020 年行业中位数 17.10%，约为行业中位数的 4.6 倍，而深南电路 2020 年归属母公司股东的净利润（同比增长率）约为行业中位数的 0.9 倍。故以 2020 年截面数据来看，兴森科技的成长性远大于深南电路。

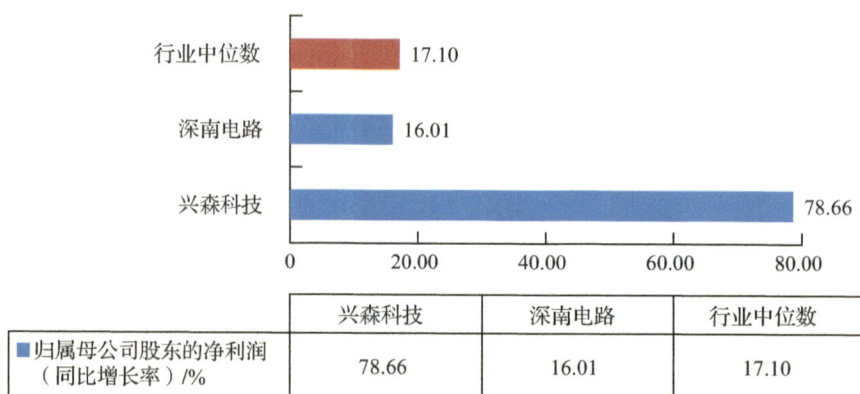

	兴森科技	深南电路	行业中位数
■归属母公司股东的净利润（同比增长率）/%	78.66	16.01	17.10

图 5-10　2020 年兴森科技与深南电路归属母公司股东的净利润（同比增长率）

兴森科技具备较强的成长性，一方面源于未来的市场；另一方面源于兴森科技现有的半导体测试技术。受行业趋势发展影响，根据 Prismark（印制电路板行业深度研究报告）的数据，未来市场中，半导体行业的关键材料——IC 载板需求将不断扩容，预计 2020—2025 年复合增长率为 9.7%。而目前国产 IC 载板占全球市场份额较低，市场主导格局主要由日本、韩国、中国台湾厂商构成。相比 50% 的印刷电路板 PCB 市场份额占比，国产 IC 载板仍有很大发展空间。除了 IC 载板可能成为兴森科技未来业绩增长点以外，半导体测试板也有望成为兴森科技未来另一增长引擎。目前半导体测试板技术壁垒高，国产替代空间广阔。并且兴森科技通过收购美国 Harbor 公司，布局半导体测试版业务，也将成为未来公司盈利的新的增长点。

2018—2020 年兴森科技与深南电路归属母公司股东的净利润（同比增长率）如图 5-11 所示，具体数据见表 5-12。从 2018—2020 年增长趋势来看，自 2020 年起，兴森科技的归属母公司股东的净利润迅速提升，其中，兴森科技近 3 年归属母公司股东的净利润年均增长率为 61.04%，深南电路近 3 年归属母公司股东的净利润年均增长率为 46.35%，某种程度证明深南电路虽然盈利能力和研发投入方面凭借规模优势强于兴森科技，但是近 3 年来成长性趋势减缓。

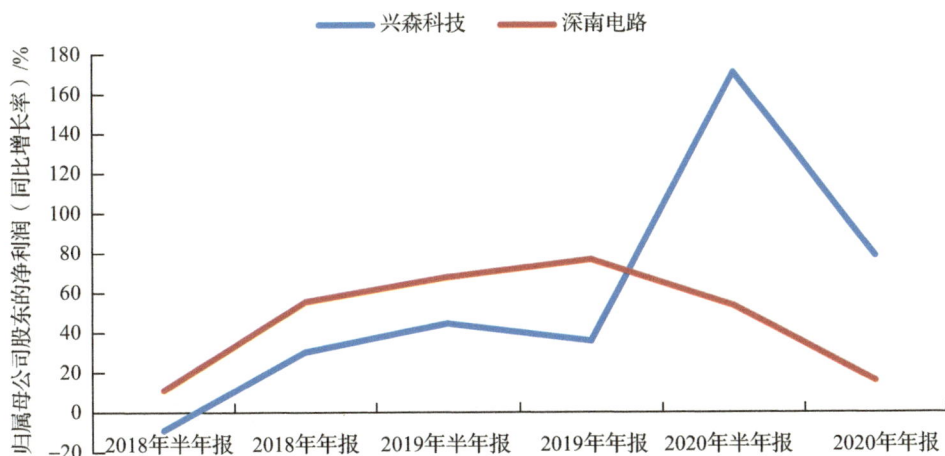

图 5-11　2018—2020 年兴森科技与深南电路归属母公司股东的净利润（同比增长率）

表 5-12　2018—2020 年兴森科技与深南电路归属母公司股东的净利润（同比增长率）

证券简称	2018 年半年报	2018 年年报	2019 年半年报	2019 年年报	2020 年半年报	2020 年年报
兴森科技	-8.90%	30.33%	44.64%	35.95%	170.80%	78.66%
深南电路	11.31%	55.61%	68.02%	76.80%	53.77%	16.01%

进一步分析深南电路 2020 年业绩同比下降原因，该企业 2020 年年度报告显示，在报告期间，公司业绩同比下降主因是通信主业需求萎缩、5G 基站

建设进度不及预期及原材料端涨价所致。同时，印刷电路板 PCB 业务及电子装联业务表现不佳也导致了企业业绩的下滑。

当然，在未来，深南电路有望凭借全球半导体行业景气度升至高位的趋势，推动其高阶倒装芯片用封装基板建设。目前，深南电路分别在广州和无锡投资建设封装基板工厂，有望 2022 年下半年至 2023 年开始逐渐实现项目回报。同时，该企业积极推进下游市场多元化进程，伴随新一代服务器平台 Whitley 的逐步切换升级，公司高技术难度产品出货占比持续提升，将进一步提升企业在下游市场的竞争优势。总的来说，通信市场景气度不及预期在一定程度上影响了深南电路的主营业务，随着深南电路的汽车板市场及高端载板业务的推进，未来发展空间仍旧可期。

5.1.6　竞争性分析

本报告主要采用"技术竞争强度"指标来表征企业的竞争力。2020 年，计算机、通信和其他电子设备制造业中兴森科技与深南电路的技术竞争强度及其行业中位数如表 5-13 所示。可以发现，兴森科技的技术竞争强度显著高于行业中位数，相比之下，深南电路的技术竞争优势则相对较弱。

表 5-13　2020 年兴森科技与深南电路技术竞争强度

证券简称	技术竞争强度
兴森科技	0.7358
深南电路	0.4778
行业中位数	0.5036

5.1.7　创新力分析

在创新力指标方面，本报告主要采用"核心发明专利数量"指标来表征。"核心发明专利"主要指企业申请的专利中法律状态仍然有效的发明专利。2020 年，计算机、通信和其他电子设备制造业中兴森科技和深南电路的核心发明专利数量及其行业中位数如表 5-14 所示。从表 5-14 可以看出，从截至 2020 年的累计数量来看，兴森科技 549 件的核心发明专利数量远高于深南电路和行业中位数，约为深南电路的 2.87 倍和行业中位数的 7.52 倍。对于兴森科技来讲，其产品优势离不开背后的专利积累。以印刷电路板为例，该公司早在 1993 年开展 PCB 样板业务，2006 年开展小批量板业务，保持全球领先的多品种与快速交付能力。长期的专利积累使兴森科技成为国内较大的 PCB 样板小批量板厂商。

而单就 2020 年新增核心发明专利数量而言，深南电路则以 110 件核心发明专利数量达到兴森科技的 2 倍以上和行业中位数的 10 倍。对于深南电路而言，面对封装基板需求旺盛的市场背景，持续向高阶产品领域拓展，拟在广州和无锡投资建设封装基板工厂，其中广州封装基板项目拟投资 60 亿元，主要产品为 FC-BGA、RF 及 FC-CSP 等有机封装基板；无锡封装基板项目拟投资 20.16 亿元，主要面向高阶倒装芯片用封装基板。

表 5-14　2020 年兴森科技与深南电路核心发明专利数量

单位：件

证券简称	累计	新增
兴森科技	549	54
深南电路	191	110
行业中位数	73	11

5.1.8　市场表现分析

在市场表现指标方面，2020 年，计算机、通信和其他电子设备制造业中兴森科技和深南电路上市企业的年化波动率和年化收益率及其行业中位数如图 5-12 及表 5-15 所示。前文第 4.1.7 小节统计出，计算机、通信和其他电子设备制造业的上市企业股价年化波动率中位数高达 54.22%。如图 5-12 所示，兴森科技和深南电路上市企业的股价年化波动率均高于行业中位数，且兴森科技年化波动率更高，高达 59.10%。总的来说，兴森科技和深南电路的股票年化波动率在行业内属于中等略偏上水平。

进一步对比兴森科技和深南电路上市企业的年化收益率，2020 年，计算机、通信和其他电子设备制造业中上市企业的股票年化收益率中位数仅为 0.88%，兴森科技在 2020 年的年化收益率为 16.45%，深南电路为 1.59%。因此，2020 年度兴森科技的成长性大于深南电路，且兴森科技股票年化收益率亦大于深南电路。

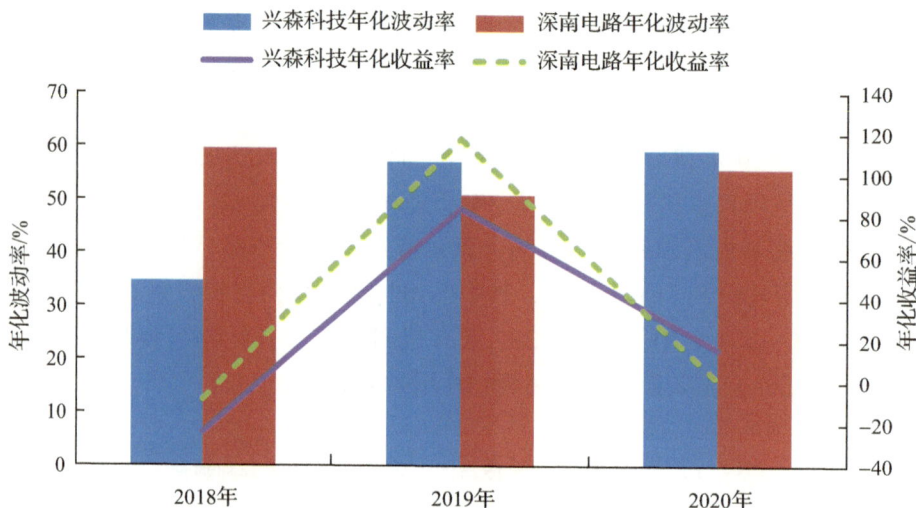

图 5-12　2018—2020 年兴森科技与深南电路市场表现分析

表 5-15　2018—2020 年兴森科技与深南电路市场表现分析

证券简称	市场表现指标	2018 年	2019 年	2020 年
兴森科技	年化波动率 /%	34.68	56.98	59.10
兴森科技	年化收益率 /%	−23.34	84.55	16.45
深南电路	年化波动率 /%	59.51	50.81	55.70
深南电路	年化收益率 /%	−7.67	117.93	1.59

5.1.9　雷达图综合比较

选取 2020 年数据作为依据，选取代表性指标作为比较维度。其中，市场收益率指标反映市场表现，营业利润率指标反映盈利能力，归属母公司股东净利润（同比增长率）反映成长性，研发强度表达企业研发投入，技术竞争强度表达企业竞争性。使用离差标准化方法，统一将数据进行标准化处理，将所有的数据标签转换成 0 ～ 1，防止量纲不同影响雷达图的展示。

如图 5-13 所示，根据雷达图的五维对比结果，兴森科技和深南电路分别具备如下突出特征，具体数值见表 5-16。

兴森科技：高竞争性、高盈利能力、高成长性；
深南电路：高盈利能力、高竞争性。

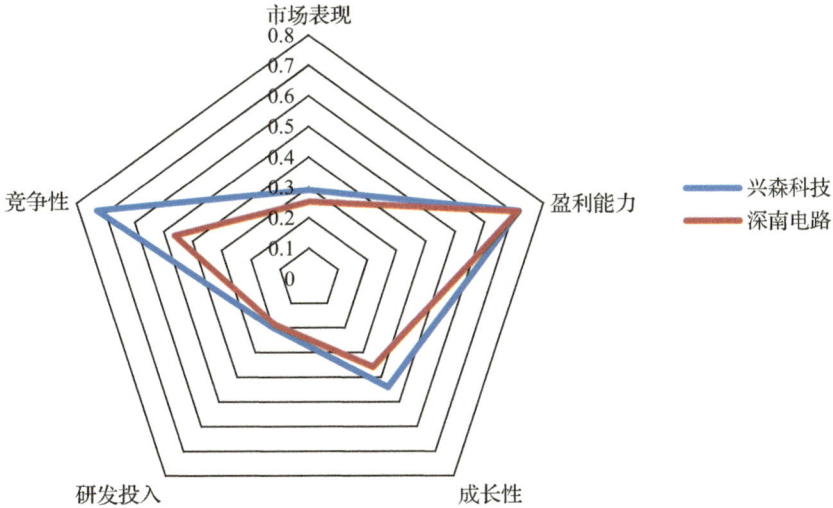

图 5-13　2020 年兴森科技与深南电路五维雷达图对比

表 5-16　2020 年兴森科技与深南电路五维数据对比

分析维度	兴森科技	深南电路
市场表现	0.2908	0.2537
盈利能力	0.7177	0.7139
成长性	0.4397	0.3559
研发投入	0.1989	0.1868
竞争性	0.7281	0.4627

　　总的来说，兴森科技和深南电路两家上市企业的盈利能力在行业中都比较强。相较而言，兴森科技在成本管控上更加严格，实现了增利大于增收的效果。而兴森科技作为从"科技竞争力 TOP 300"中遴选出的上市企业，与深南电路最大的区别在于 2020 年的成长性和创新力。兴森科技以 549 件的累计核心发明专利数量远高于深南电路，其成长性也显著高于深南电路，这其中既有半导体材料 IC 载板和半导体测试版市场需求广阔的原因，也有深南电

路通信主业受 5G 建设需求萎缩的影响。长远来看，深南电路也正在向封装基板和提升高技术难度产品出货占比的方向积极转型。

对于兴森科技和深南电路而言，市场和竞争对手既是机遇，也可能是挑战。长远来看，两家上市企业可能从蓬勃的市场需求中获益，也可能面临行业共同存在的风险。如 5G 建设进度低于预期、同行竞争加剧、国产替代进度低于预期等市场风险。

5.2   软件和信息技术服务业——"东软集团" VS "恒生电子"

5.2.1   基本情况介绍

软件和信息技术服务业中遴选出的对比企业是"东软集团股份有限公司"（简称"东软集团"）和"恒生电子股份有限公司"（简称"恒生电子"）。上市公司的基本情况详见表 5-17，其中东软集团遴选自"科技竞争力 TOP 300"核心上市企业，恒生电子遴选自"沪深 300"成分股企业。

表 5-17   东软集团与恒生电子基本情况介绍

公司名称	东软集团股份有限公司	恒生电子股份有限公司
所属行业	信息技术—软件与服务—软件—应用软件	信息技术—软件与服务—软件—应用软件
成立日期	1991 年 6 月 17 日	2000 年 12 月 13 日
上市日期	1996 年 6 月 18 日	2003 年 12 月 16 日
注册资本 / 元	1 242 370 295	1 461 560 480
注册地址	辽宁省沈阳市浑南新区新秀街 2 号	浙江省杭州市滨江区江南大道 3588 号恒生大厦
员工总数 / 人	17 175	9739
第一股东及持股比例	大连东软控股有限公司（14.02%）	杭州恒生电子集团有限公司（20.72%）

续表

公司名称	东软集团股份有限公司	恒生电子股份有限公司
公司简介	东软集团创立于 1991 年，是中国第一家上市的软件公司，致力于以软件的创新赋能新生活，推动社会发展。东软集团曾多次入选普华永道"全球软件百强企业"名单，荣获罗兰·贝格国际管理咨询公司和《环球企业家》杂志评选的"全球竞争力中国公司 20 强"，波士顿咨询公司（BCG）评选的"中国 50 强全球挑战者"，Teleos 和 The KNOW Network 评选的"亚洲最受赏识的知识型企业"等奖项，以及怡安翰威特授予的"中国最佳雇主"及"亚太地区最佳雇主"等荣誉	该公司是中国领先的金融软件和网络服务供应商。公司聚焦于财富资产管理，致力于为证券、期货、基金、信托、保险、银行、交易所、私募等机构提供整体的解决方案和服务，为个人投资者提供财富管理工具
产品经营范围	在智慧城市领域，东软集团以软件赋能城市发展，让社会更智慧。在医疗健康领域，东软集团以信息技术推动医疗健康生态的和谐，为医疗健康生态中的利益相关方创造价值、分享价值，推动信息技术与医疗的融合。在智能汽车互联领域，以软件为驱动，赋能智能汽车生活。在软件产品与服务领域，东软集团基于移动互联网、人工智能、云计算、大数据等新兴技术，提供拥有自主知识产权的软件产品、云与数据服务、产品工程与软件工程服务等	网上交易软件、网上行情分析系统、证券综合业务平台、资金信托业务管理系统等
公司定位	东软集团以软件技术为核心，业务聚焦智慧城市、医疗健康、智能汽车互联及软件产品与服务领域	多年来，该公司以技术服务为核心，凭借多年金融 IT 建设经验，以及对互联网的深刻洞察和理解，用优质的产品与服务，驱动金融机构创新发展。同时，该公司还积极履行企业社会责任，实现企业与社会共同可持续发展

5.2.2　市值规模分析

东软集团和恒生电子的 2020 年总市值、自由流通市值如图 5-14 和图 5-15 所示，统计日期为 2020 年 12 月 31 日。截至 2020 年 12 月 31 日，恒生电子总市值为 1095.25 亿元，远超行业总市值中位数 54.10 亿元。同时，2020 年恒生电子自由流通市值达到 868.31 亿元，约为同行业上市企业自由流通市值中位数的 31.92 倍。相比较而言，东软集团的总市值和自由流通市值则仅分别为行业中位数的 2.39 倍和 3.29 倍。

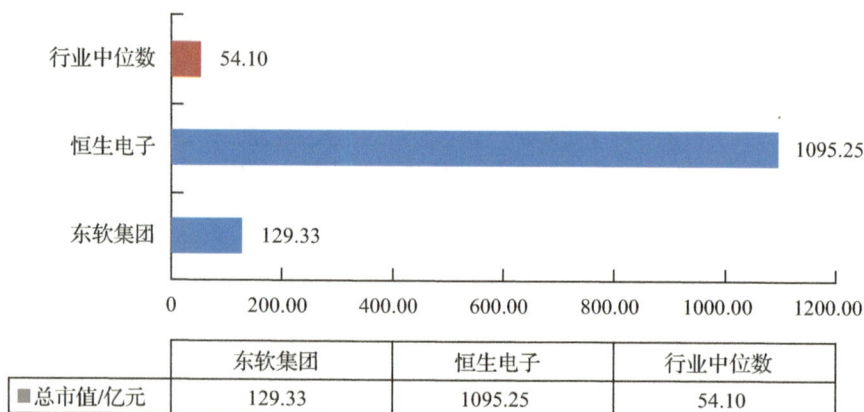

	东软集团	恒生电子	行业中位数
■总市值/亿元	129.33	1095.25	54.10

图 5-14　2020 年东软集团与恒生电子总市值

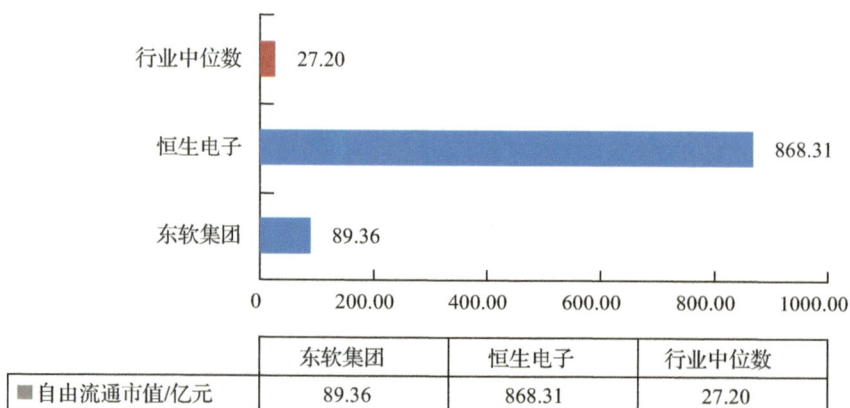

	东软集团	恒生电子	行业中位数
■自由流通市值/亿元	89.36	868.31	27.20

图 5-15　2020 年东软集团与恒生电子自由流通市值

如图 5-16 所示，从 2018—2020 年整体趋势来看，东软集团和恒生电子市值规模相差悬殊，反映在恒生电子 2018—2020 年股票总市值及自由流通市值均远高于东软集团，其中恒生电子市值规模在 2020 年增长最快。近 3 年分别来看，恒生电子与东软集团 2018 年真实流通规模之比为 2.55 倍，2019 年上升至 5.04 倍，而截至 2020 年真实流通规模飙升到 9.72 倍（表 5-18）。

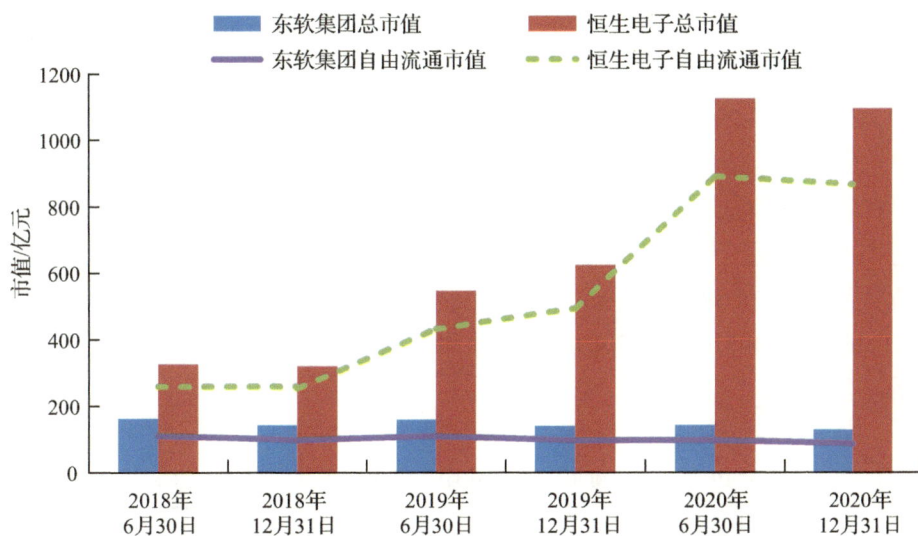

图 5-16　2018—2020 年东软集团与恒生电子市值规模分析

表 5-18　2018—2020 年东软集团与恒生电子市值规模分析

单位：亿元

证券简称	市值规模指标	2018 年6 月 30 日	2018 年12 月 31 日	2019 年6 月 30 日	2019 年12 月 31 日	2020 年6 月 30 日	2020 年12 月 31 日
东软集团	总市值	162.29	143.49	159.27	141.01	142.87	129.33
恒生电子	总市值	327.13	321.14	547.34	624.29	1124.49	1095.25
东软集团	自由流通市值	112.31	99.98	110.98	98.25	98.71	89.36
恒生电子	自由流通市值	259.35	254.59	433.93	494.93	891.49	868.31

如表 5-19 所示，仍以 2020 年为例，恒生电子的区间平均市盈率为 88.79 倍，仅为 2020 年区间平均市盈率行业中位数 78.68 的 1.13 倍。由 2020 年恒

生电子的股票真实流通规模达到行业中位数的 31.92 倍可知，恒生电子的每股盈利也远高于行业中位数，才使得市盈率没有过分高估。相较而言，东软集团 2020 年度的区间平均市盈率为 447.89 倍，是 2020 年行业中位数 78.68 的 5.69 倍，而东软集团 2020 年度总市值和自由流通市值分别为对应行业中位数的 2.39 倍和 3.29 倍，说明其每股盈利水平要低于行业中位数，因此可以推断，东软集团的估值水平处于高估甚至过分追捧的位置。

将软件和信息技术服务业这个大类行业与全部 A 股上市企业的区间平均市盈率中位数进行比较发现，软件和信息技术服务业企业区间平均市盈率的中位数结果为 78.68，而全部 A 股上市企业的区间平均市盈率中位数结果为 45.21。因此，相较于全部 A 股，软件和信息技术服务业的行业估值处于高水平。

表 5-19　2018—2020 年东软集团与恒生电子区间平均市盈率

证券简称	2018 年区间平均市盈率（TTM）	2019 年区间平均市盈率（TTM）	2020 年区间平均市盈率（TTM）
东软集团	14.95	291.69	447.89
恒生电子	119.12	64.34	88.79
行业中位数	52.71	63.23	78.68

如表 5-20 所示，查阅东软集团和恒生电子两家股票的重仓基金持股数量，以 2021 年 9 月 30 日为报告期节点：东软集团重仓基金持股数量合计 328.60 万股，低于恒生电子重仓基金持股数量 1515.11 万股。而东软集团流通股合计数量远高于恒生电子，故恒生电子重仓基金持股数量占流通股比例更高，故推论出恒生电子更受基金追捧。东软集团与恒生电子重仓基金名称及持股数量详见表 5-21 和表 5-22。

表 5-20　东软集团与恒生电子流通股及重仓基金持股数量

证券代码	证券简称	流通股合计 / 万股	重仓基金持股数量 / 万股
600718.SH	东软集团	1 057 946 242.00	328.60
600570.SH	恒生电子	308 948 044.00	1515.11

注：报告期节点为 2021 年 9 月 30 日。

表 5-21　东软集团重仓基金

基金代码	基金名称	持股数量 / 万股	季报持仓变动 / 万股
001556.OF	天弘中证 500 指数增强 A	308.60	308.60
004930.OF	华润元大价值优选 A	20.00	20.00

注：报告期节点为 2021 年 9 月 30 日。

表 5-22　恒生电子重仓基金

基金代码	基金名称	持股数量 / 万股	季报持仓变动 / 万股
001409.OF	工银瑞信互联网加	303.81	86.80
001986.OF	前海开源人工智能	174.95	52.65
000263.OF	工银瑞信信息产业 A	174.54	174.54
002021.OF	华夏回报 2 号	153.04	153.04
000996.OF	中银新动力	150.00	60.00
000971.OF	诺安新经济	134.96	38.56
001910.OF	泰康新机遇	121.45	11.91
001857.OF	易方达现代服务业	116.90	26.36
000219.OF	博时裕益灵活配置	102.64	102.64
000408.OF	民生加银城镇化 A	82.82	82.82

注：报告期节点为 2021 年 9 月 30 日。

5.2.3　盈利能力分析

2020 年，东软集团和恒生电子上市企业的营业收入、营业利润条形图及具体数值如图 5-17 和图 5-18 所示。

以 2020 年截面数据来看，在营业收入方面（图 5-17），东软集团和恒生电子均高于 2020 年行业中位数 94 672.50 万元，其中，东软集团营业收入约为行业中位数的 8.05 倍，恒生电子营业收入约为行业中位数的 4.41 倍。可以看到，两家上市企业的营业收入规模均高于行业中位数，且市值规模较小的东软集团在营业收入规模上远大于恒生电子。

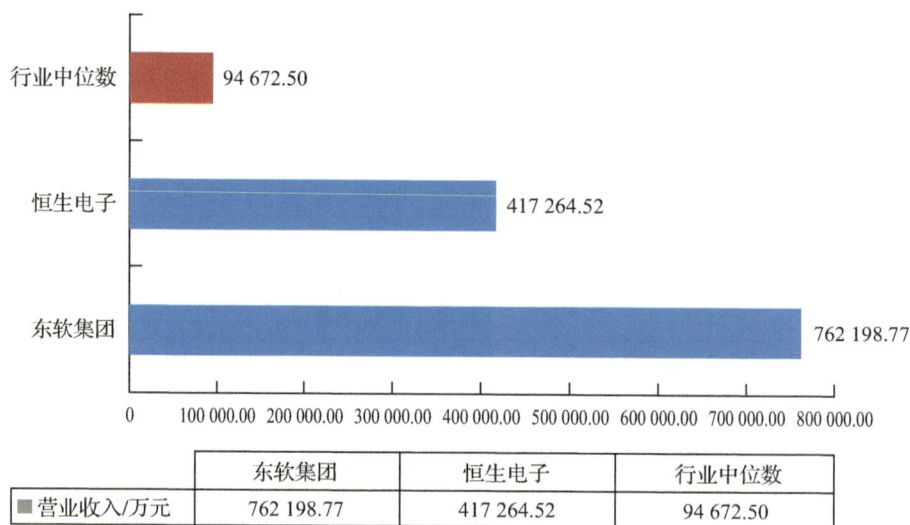

■营业收入/万元	东软集团	恒生电子	行业中位数
	762 198.77	417 264.52	94 672.50

图 5-17　2020 年东软集团与恒生电子营业收入

　　在营业利润方面（图 5-18），2020 年，恒生电子远高于行业中位数9612.06 万元，是行业中位数的 14.99 倍；然而东软集团营业利润为 –5495.68万元，远不及行业中位数。通过 2020 年截面数据分析，恒生电子的营业收入与营业利润均超过行业中位数，营业收入为行业中位数的 4.4 倍，营业利润为行业中位数的 18.8 倍，由此可以推断，恒生电子的营业利润在同行业中表现更为突出。相比之下，东软集团的营业收入虽然为行业中位数的 8.05 倍，营业利润却仅有 –5495.68 万元。

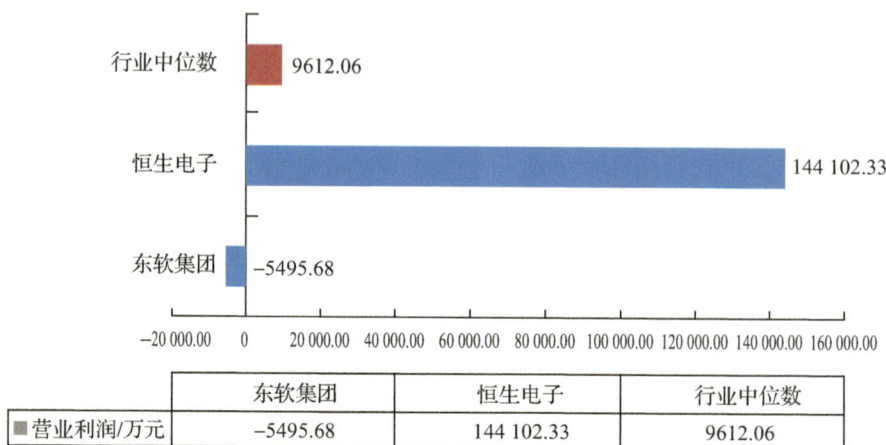

■营业利润/万元	东软集团	恒生电子	行业中位数
	–5495.68	144 102.33	9612.06

图 5-18　2020 年东软集团与恒生电子营业利润

2018—2020 年东软集团与恒生电子的盈利能力指标如图 5-19 所示，具体数值见表 5-23。对于东软集团而言，2020 年实现利润亏损 5495.68 万元。究其原因，主要是疫情影响下信息化项目实施整体延后，同时，该公司的收入确认方法由完工百分比法变更为时点法，因此公司可确认的营收收窄，而成本端费用难以同步减少，导致公司最终的扣非净利润下滑。

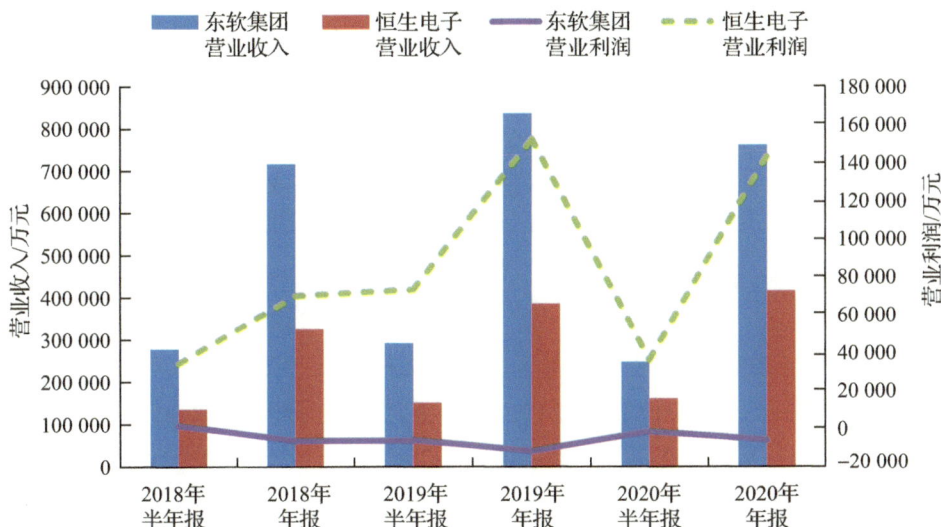

图 5-19　2018—2020 年东软集团与恒生电子盈利能力分析

当然，与此同时，东软集团持续聚焦优势行业和核心客户，获得了积极的市场反馈，2020 年新签合同额创历史新高，首次超过百亿元，随着项目交付能力的提升和回款管理的加强，年度经营性现金流量净额达 5.6 亿元，同比增长 34.7%。从分业务来看，东软集团 2020 年智能汽车互联业务持续增长，产品力逐渐提升致毛利率上扬。医疗业务稳步推进，市场竞争力持续增强。在医保信息化方面，该公司已承接 1+10（国家医保局项目与 10 个省、直辖市医保信息化平台）项目，展现出较强的品牌竞争力。

对于恒生电子而言，资管业务增速最高，创新业务也表现亮眼。从分业务来看，在大资管业务方面，公司产品在国有银行、股份制银行、城商行等客户群体中，均实现了核心客户的重点覆盖；银行与 IT 业务实现营收同比增长，主要为业务中台、技术中台持续落地。随着公募投顾业务资格进一步放开，恒生电子在整体解决方案上具有明显优势，其中资产配置继续保持市场优势。

表 5-23　2018—2020 年东软集团与恒生电子盈利能力分析

单位：万元

证券代码	盈利能力指标	2018 年半年报	2018 年年报	2019 年半年报	2019 年年报	2020 年半年报	2020 年年报
东软集团	营业收入	278 202.01	717 052.01	292 571.78	836 577.81	247 885.60	762 198.77
东软集团	营业利润	1 888.35	−6 008.62	−5 490.43	−11 479.17	−1 093.54	−5 495.68
恒生电子	营业收入	136 099.74	326 287.92	152 396.21	387 184.00	161 947.38	417 264.52
恒生电子	营业利润	34 427.31	70 106.09	73 439.22	152 825.39	36 438.20	144 102.33

5.2.4　研发投入分析

以 2020 年截面数据来看，在研发投入规模方面（图 5-20），东软集团和恒生电子均高于行业中位数 10 245.32 万元，其中东软集团 2020 年度研发支出约为行业中位数的 9.37 倍，恒生电子 2020 年度研发支出约为行业中位数的 14.60 倍。因此，可以看到，2020 年度，市值规模更大的恒生电子研发投入规模远大于东软集团。

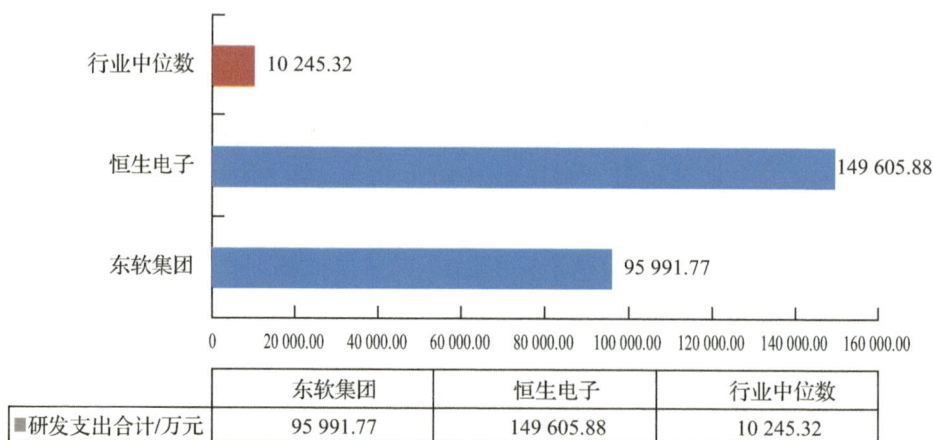

	东软集团	恒生电子	行业中位数
研发支出合计/万元	95 991.77	149 605.88	10 245.32

图 5-20　2020 年东软集团与恒生电子研发支出合计

在研发投入强度方面（图 5-21），2020 年，东软集团的研发支出总额占营业收入比例略高于行业中位数 11.69%，恒生电子的研发支出总额占营业收入比例则是行业中位数的 3.07 倍。可以发现，相较于东软集团，恒生电子的研发投入强度更大。近年来，得益于恒生电子的持续研发投入，配合行业高景气需求，研发人员规模也得以快速增加。

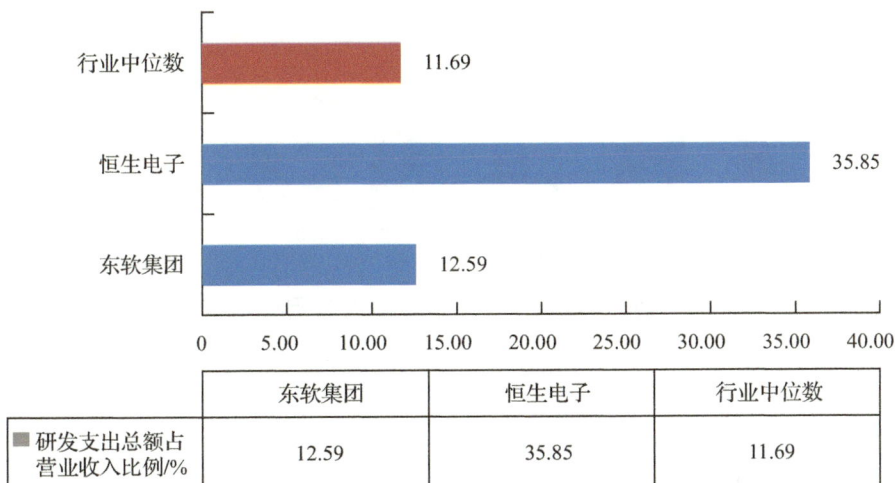

	东软集团	恒生电子	行业中位数
■ 研发支出总额占营业收入比例/%	12.59	35.85	11.69

图 5-21　2020 年东软集团与恒生电子研发支出总额占营业收入比例

2018—2020 年，东软集团与恒生电子研发投入分析如图 5-22 所示，具体数值如表 5-24 和表 5-25 所示。经计算，在研发投入规模方面，东软集团近3 年年均增长率为 4.33%，略高于恒生电子 3.20% 的年均增长率。在研发投入强度方面，东软集团近 3 年年均增长率为 7.20%，略低于年均增长率约为8.74% 的恒生电子。自 2018 年以来，恒生电子逐年加大研发支出，其研发投入强度反而呈现出下降趋势，这一结果再次反映出恒生电子近年来在营业收入规模上增长幅度很大。结合 2020 年截面数据的分析可知，即使恒生电子研发投入强度近 3 年呈现逐年下降趋势，其 2020 年的研发支出总额占营业收入比例仍高于行业中位数，约为行业中位数的 3.1 倍。与之不同的是，东软集团近 3 年研发投入规模与强度均呈现略微下降的态势。

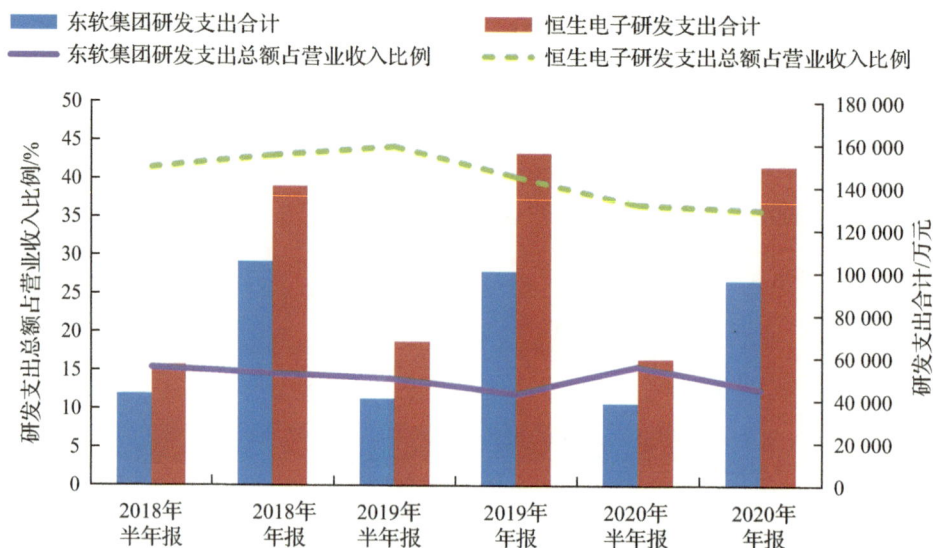

图 5-22　2018—2020 年东软集团与恒生电子研发投入分析

表 5-24　2018—2020 年东软集团与恒生电子研发支出合计

单位：万元

证券简称	2018 年半年报	2018 年年报	2019 年半年报	2019 年年报	2020 年半年报	2020 年年报
东软集团	42 874.10	104 867.70	40 712.45	100 430.51	38 541.63	95 991.77
恒生电子	56 493.64	140 466.88	67 342.32	156 003.19	59 274.86	149 605.88

表 5-25　2018—2020 年东软集团与恒生电子研发支出总额占营业收入比例

证券简称	2018 年半年报	2018 年年报	2019 年半年报	2019 年年报	2020 年半年报	2020 年年报
东软集团	15.41%	14.62%	13.92%	12.00%	15.55%	12.59%
恒生电子	41.51%	43.05%	44.19%	40.29%	36.60%	35.85%

5.2.5　成长性分析

2020 年，东软集团与恒生电子归属母公司股东的净利润（同比增长率）如图 5-23 所示。以 2020 年截面数据来看，东软集团以高达 252.82% 的归属母公司股东的净利润（同比增长率）远高于行业中位数 11.98%，约为行业中位数的 21.1 倍，相比之下，恒生电子的归属母公司股东的净利润（同比增长率）仅为 -6.65%。可以看到，尽管东软集团在市值规模、盈利能力、研发投入等方面均不如恒生电子，其成长性却显著优于恒生电子。事实上，东软集团是我国软件行业第一家上市公司，业务覆盖日本、美国、欧洲等多个国家和地区，车载系统覆盖全球前 30 大汽车厂商的 85%，具有智能网联、自动驾驶、汽车基础软件平台等全栈技术产品，并牵头制定自动驾驶行业标准，参与电池管理系统功能安全国家标准、电动车互联互通国家标准的制定，同时积极培养创新业务，2020 年度已经实现了创新业务上的增收减亏，迎来业绩趋势的拐点。

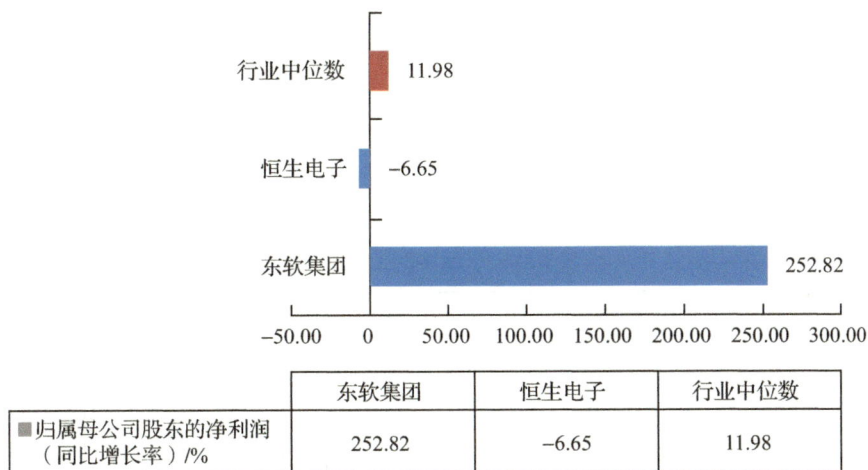

	东软集团	恒生电子	行业中位数
■归属母公司股东的净利润（同比增长率）/%	252.82	-6.65	11.98

图 5-23　2020 年东软集团与恒生电子归属母公司股东的净利润（同比增长率）

2018—2020 年东软集团与恒生电子归属母公司股东的净利润（同比增长率）如图 5-24 所示，具体数值见表 5-26。从 2018—2020 年增长趋势来看，自 2019 年年末，东软集团归属母公司股东的净利润（同比增长率）逆势而上，而恒生电子的归属母公司股东的净利润（同比增长率）则急转而下。其中，东软集团 2018—2019 年归属母公司股东的净利润（同比增长率）一直为负，2020 半年报和 2020 年报突然飙升至 152.56% 和 252.82%。反之，恒生电子 2018—2019 年度归属母公司股东的净利润（同比增长率）一直为正，2020 年则跌到了负值。在创新业务领域，恒生电子一直持续探索，当前盈利能力和市场表现也均为良好，但其成长性依旧会受到其所属金融行业政策受益程度、资本市场景气度、金融上云进度不及预期等因素的影响。

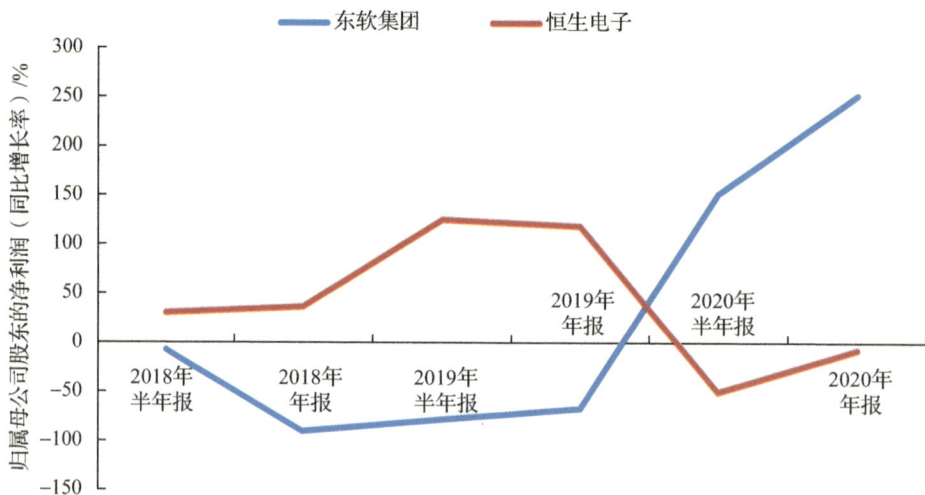

图 5-24　2018—2020 年东软集团与恒生电子归属母公司股东的净利润（同比增长率）

表 5-26　2018—2020 年东软集团与恒生电子归属母公司股东的净利润（同比增长率）

证券简称	2018 年半年报	2018 年年报	2019 年半年报	2019 年年报	2020 年半年报	2020 年年报
东软集团	−6.52%	−89.60%	−77.38%	−66.23%	152.56%	252.82%
恒生电子	31.37%	36.96%	125.85%	119.39%	−49.33%	−6.65%

5.2.6　竞争性分析

2020 年，软件和信息技术服务业中东软集团与恒生电子的技术竞争强度及其行业中位数如表 5-27 所示。东软集团的技术竞争强度略高于恒生电子，且上述两家企业的技术竞争强度均高于行业中位数。东软集团作为汽车信息安全国家标准牵头制定单位，具有国家级车载技术、网络安全技术综合实力，是国内少数智能汽车领域实现软、硬件全面布局的企业，属于软件定义汽车领域的核心投资标的之一。

表 5-27　2020 年东软集团与恒生电子技术竞争强度

上市企业	技术竞争强度
东软集团	0.8198
恒生电子	0.7414
行业中位数	0.4406

5.2.7　创新力分析

2020 年，东软集团和恒生电子的核心发明专利数量及行业中位数如表 5-28 所示。从表 5-28 可以看出，无论是累计核心发明专利数量还是 2020 年新增核心发明专利数量，东软集团都远高于恒生电子。事实上，二者虽然同属于"软件和信息技术服务业"，但细分领域差别较大，东软集团聚焦医疗健康、智能汽车、智慧城市主赛道，技术性更强；而恒生电子聚焦大零售 IT、大资管 IT 及数据风险与基础设施业务，应用性更强。

表 5-28　2020 年东软集团与恒生电子核心发明专利数量

单位：件

证券简称	累计	新增
东软集团	1031	179
恒生电子	68	21
行业中位数	16	3

根据前文第 4.2.6 小节分行业创新力分析可知，东软集团的核心发明专利数量仅次于同行业龙头企业国电南瑞。近年来，东软集团秉承的理念是：坚持软件赋能，着力打造创新型上市公司集群。该公司以原有主营业务为基础和平台，通过软件、技术与垂直行业深度融合，在"大健康""大汽车"等板块构造了东软医疗（持股 29.94%）、东软熙康（持股 27.94%）、望海康信（持股 32.37%）、东软睿驰（持股 35.88%）等一批创新业务公司。总的来说，无论是东软集团累积的核心发明专利数量还是 2020 年新增的核心发明专利数量，都表明其坚定发展创新业务公司的决心，立足于通过创新业务，改善未来盈利能力，顾及后续发展的长远规划。

尽管恒生电子在自身核心发明专利和新增核心发明专利数量上，表现并未特别突出，但恒生电子采用购买技术的方式发展公司业务，通过并购和国际合作带来新机遇。恒生电子在 2021 年上半年购买了 Opics 代码，并基于此研发海外资金业务系统。另外，该公司和 Finastra 达成战略合作，共同开拓内地和香港地区的资金交易系统业务，香港的交易系统架构技术较落后，收购有利于公司在香港和海外的发展。

5.2.8   市场表现分析

在市场表现指标方面，2018—2020 年，东软集团与恒生电子市场表现分析如图 5-25 及表 5-29 所示。前文第 4.2.7 小节统计出，2020 年软件和信息技术服务业的上市企业股价年化波动率中位数高达 55.91%，东软集团股价年化波动率为 38.03%，低于行业中位数，恒生电子股价年化波动率为 49.38%，略低于行业中位数。

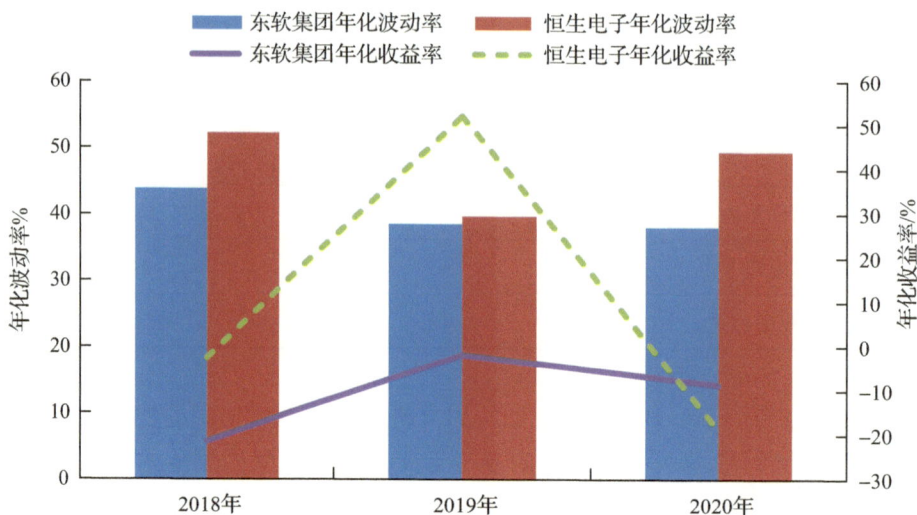

图 5-25   2018—2020 年东软集团与恒生电子市场表现分析

表 5-29   2018—2020 年东软集团与恒生电子市场表现分析

证券简称	市场表现指标	2018 年	2019 年	2020 年
东软集团	年化波动率 /%	43.86	38.55	38.03
东软集团	年化收益率 /%	−21.19	−1.77	−8.51

续表

证券简称	市场表现指标	2018 年	2019 年	2020 年
恒生电子	年化波动率 /%	52.24	39.70	49.38
恒生电子	年化收益率 /%	−2.35	52.16	−18.67

　　根据前文第 4.2.7 小节统计，2020 年，软件和信息技术服务业中上市企业的股票年化收益率中位数为 −6.82%，东软集团的年化收益率为 −8.51%，恒生电子的年化收益率为 −18.67%，二者的股票年化收益率均低于行业中位数。结合两家上市企业的成长性比较，就 2020 年而言，归属母公司股东的净利润（同比增长率）更高的东软集团在股票年化收益率上表现更好。相比之下，对于 2020 年归属母公司股东的净利润有所下滑的恒生电子，其股票年化收益率也相对更低。

5.2.9　雷达图综合比较

　　如图 5-26 所示，根据雷达图的五维对比结果，东软集团和恒生电子分别具备如下突出特征，具体数值见表 5-30。

　　东软集团：高竞争性、高成长性、高盈利能力。

　　恒生电子：高研发投入、高盈利能力、高竞争性。

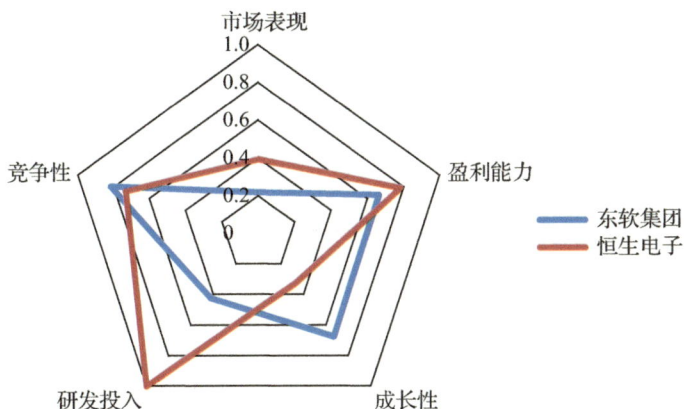

图 5-26　2020 年东软集团与恒生电子五维雷达图对比

表 5-30　2020 年东软集团与恒生电子五维数据对比

分析维度	东软集团	恒生电子
市场表现	0.2203	0.3942
盈利能力	0.6647	0.7823
成长性	0.6727	0.3256
研发投入	0.4229	1.0000
竞争性	0.8145	0.7338

　　总的来说，东软集团呈现出高竞争性和高成长性的主要特征，而在盈利能力方面，尽管东软集团相比于 A 股上市企业依然具备较强优势，但仍然不可避免地受到疫情影响下的项目延期及收入计算方法变更的影响，导致扣非净利润下滑。不过，随着该企业业务调整期结束，创新业务增收减亏，包括智能汽车互联网领域在内的合同金额大幅增长，企业盈利能力逐步改善，其后续发展仍然值得期待。另外，在技术积累方面，东软集团的核心发明专利数量在整个行业仅次于龙头企业国电南瑞，截至 2020 年累计拥有核心发明专利 1031 件，2020 年新增核心发明专利 179 件，这也为该企业在行业内保持持续的竞争优势打下了良好的基础。

　　与此同时，恒生电子则主要表现出高研发投入、高盈利能力、高竞争性的特征。在研发投入方面，配合行业高景气需求，该企业研发人员快速增加，公司始终保持高水平研发投入，研发支出总额占营业收入比例高达35.85%。尽管恒生电子当前盈利能力较强，但是其未来成长性易受到金融行业相关风险影响，如金融政策、资本市场景气度变化等。

5.3　电气机械和器材制造业——"四方股份"VS"汇川技术"

5.3.1　基本情况介绍

　　在电气机械和器材制造业中，本报告遴选出"北京四方继保自动化股份有限公司"（简称"四方股份"）和"深圳市汇川技术股份有限公司"（简称"汇川技术"）这两家企业作为对比分析对象，其中四方股份遴选自"科技竞争力 TOP 300"核心上市企业，汇川技术遴选自"沪深 300"成分股企业，上述两家上市企业的基本情况如表 5-31 所示。

表 5-31 四方股份与汇川技术基本情况介绍

公司名称	北京四方继保自动化股份有限公司	深圳市汇川技术股份有限公司
所属行业	工业—资本货物—电气设备—电气部件与设备	工业—资本货物—电气设备—电气部件与设备
成立日期	1994 年 4 月 8 日	2003 年 4 月 10 日
上市日期	2010 年 12 月 31 日	2010 年 9 月 28 日
注册资本 / 元	813 172 000	489 315 846
注册地址	北京市海淀区上地信息产业基地四街 9 号	广东省深圳市龙华新区观澜街道高新技术产业园汇川技术总部大厦
员工总数 / 人	3144	12 866
第一股东及持股比例	四方电气（集团）股份有限公司（45.12%）	深圳市汇川投资有限公司（17.76%）
公司简介	北京四方继保自动化股份有限公司作为中国电气及工业自动化行业的领军企业，始终以"成为全球知名品牌的高科技、专业化的自动化产品、软件、系统、解决方案和服务的提供商"为宏观愿景	该公司是专门从事工业自动化和新能源相关产品研发、生产和销售的高新技术企业
产品经营范围	自成立以来，四方股份秉承"技术领先，永远创新"的企业宗旨，专注于智能发电、智能输配电、智能交通、智慧船舶、智慧岛屿等多个领域的产品设计、软件开发、系统解决方案及技术咨询等；主营产品包括电站自动化系统、继电保护、船舶电气综合自动化系统、调度自动化系统、发电厂自动控制系统、电力安全稳定控制系统、微电网控制系统、储能控制系统、电能质量管理系统、电气仿真培训系统（含船舶）、集控监管系统、能源管理系统、轨道交通自动化系统、工业控制系统等	经过 10 多年的发展，该公司已经从单一的变频器供应商发展成机电液综合产品及解决方案供应商。目前，公司主要产品包括：①服务于智能装备领域的工业自动化产品；②服务于工业机器人领域的核心部件、整机及解决方案；③服务于新能源汽车领域的动力总成产品；④服务于轨道交通领域的牵引与控制系统；⑤服务于设备后服务市场的工业互联网解决方案

续表

公司名称	北京四方继保自动化股份有限公司	深圳市汇川技术股份有限公司
公司定位	该公司荣获"国家火炬计划重点高新技术企业""国家创新型企业""全国质量工作先进单位""国家规划布局内重点软件企业"等30余项国家级荣誉	该公司专注于工业自动化控制产品的研发、生产和销售,定位为服务于中高端设备制造商,以拥有自主知识产权的工业自动化技术为基础,在经营过程中坚持进口替代、行业营销、为细分市场客户提供整体解决方案的经营模式,实现企业价值与客户价值共同成长

5.3.2 市值规模分析

四方股份和汇川技术的总市值、自由流通市值 2020 年数据及行业中位数如图 5-27 和图 5-28 所示,统计日期为 2020 年 12 月 31 日。尽管四方股份和汇川技术同属于电气机械和器材制造业,截至 2020 年 12 月 31 日,汇川技术总市值达 1604.50 亿元,远超行业中位数 50.66 亿元,约为行业中位数的 31.67 倍。同时,截至 2020 年 12 月 31 日,汇川技术的自由流通市值高达 1006.81 亿元,也远超行业中位数 22.30 亿元,约为行业中位数的 45.15 倍。相比较而言,四方股份无论是在总市值方面还是在自由流通市值方面,都仅略高于行业中位数。当然,这种市值规模上的差距也与两家上市企业规模的差异有极大关系,截至 2020 年年末,四方股份员工总数仅有 3144 人,而汇川技术员工总数为 12 866 人。

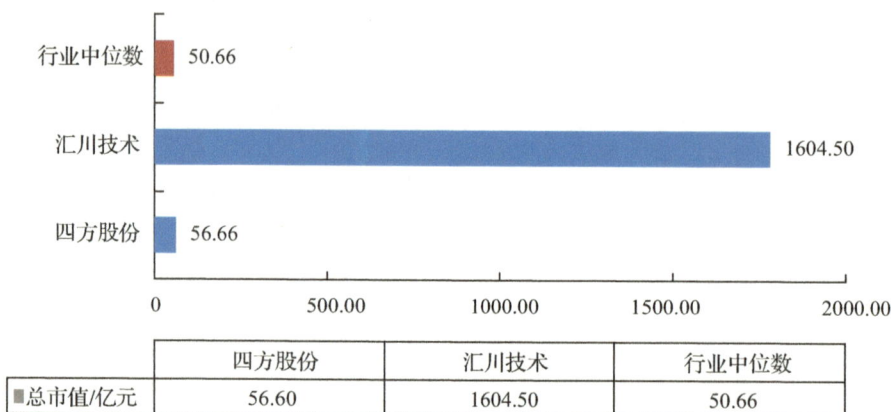

	四方股份	汇川技术	行业中位数
总市值/亿元	56.60	1604.50	50.66

图 5-27　2020 年四方股份与汇川技术总市值

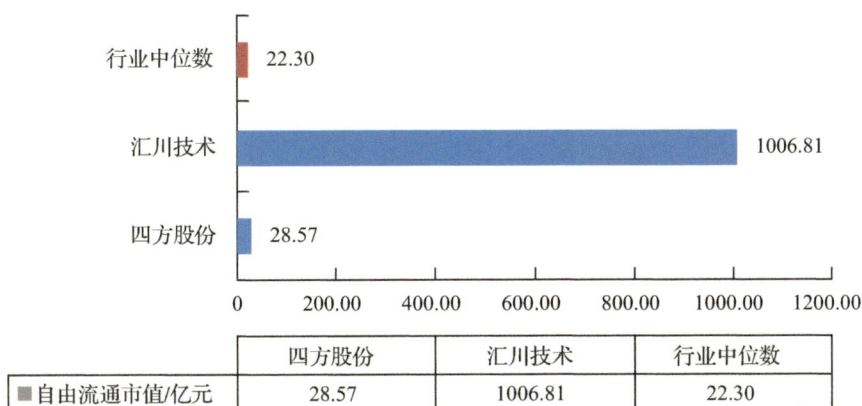

	四方股份	汇川技术	行业中位数
■自由流通市值/亿元	28.57	1006.81	22.30

图 5-28　2020 年四方股份与汇川技术自由流通市值

　　如图 5-29 和表 5-32 所示，从 2018—2020 年整体趋势来看，四方股份和汇川技术市值规模相差悬殊，主要反映在汇川技术 2018—2020 年股票总市值及自由流通市值均远高于四方股份。值得一提的是，2018 年，汇川技术的真实流通规模为四方股份的 9.44 倍，2019 年上升至 13.77 倍，而 2020 年，随着汇川股份自由流通市值的大幅增长，其真实流通规模高达四方股份的35.24 倍。

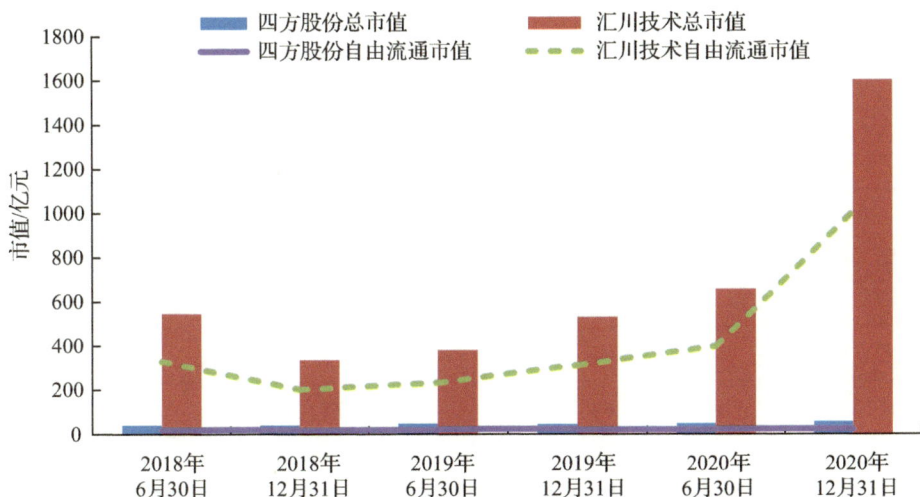

图 5-29　2018—2020 年四方股份与汇川技术市值规模分析

表 5-32　2018—2020 年四方股份与汇川技术市值规模分析

单位：亿元

证券简称	市值规模指标	2018 年 6 月 30 日	2018 年 12 月 31 日	2019 年 6 月 30 日	2019 年 12 月 31 日	2020 年 6 月 30 日	2020 年 12 月 31 日
四方股份	总市值	41.39	41.39	48.63	45.05	49.20	56.60
汇川技术	总市值	546.18	335.16	380.76	530.94	657.87	1604.50
四方股份	自由流通市值	22.17	21.54	24.99	22.74	24.83	28.57
汇川技术	自由流通市值	330.45	203.29	234.06	313.04	398.19	1006.81

如表 5-33 所示，2018—2020 年，四方股份和汇川技术的平均市盈率均呈现逐渐增高的趋势。尽管汇川技术市值规模与行业中位数差距悬殊，但是其估值水平并未过分高估。以 2020 年为例，尽管汇川技术的股票真实流通规模达到了同行业中位数上市企业的 44.15 倍，其区间平均市盈率却仅为行业中位数的 1.47 倍，这说明汇川技术的每股盈利也远高于行业中位数，才使得市盈率没有过分高估。相较而言，四方股份 2020 年的区间平均市盈率为 27.63 倍，低于行业中位数 44.85 倍，可以看到，四方股份的市值规模处于行业中等位置，估值处于行业较低位置。

表 5-33　2018—2020 年四方股份与汇川技术区间平均市盈率

证券简称	2018 年区间平均市盈率（TTM）	2019 年区间平均市盈率（TTM）	2020 年区间平均市盈率（TTM）
四方股份	18.84	22.31	27.63
汇川技术	43.84	37.74	65.82
行业中位数	36.97	37.02	44.85

将电气机械和器材制造业这个大类行业与全部 A 股上市企业的区间平均市盈率中位数进行比较发现，电气机械和器材制造业企业区间平均市盈率的

中位数为 44.85 倍，而全部 A 股上市企业的区间平均市盈率中位数为 45.21倍。可以看出，相较于全部 A 股，电气机械和器材制造业的估值处于中等略偏下水平。

四方股份与汇川技术流通股及重仓基金持股数量如表 5-34 所示。四方股份重仓基金持股数量占流通股比例低于汇川技术，说明汇川技术更受基金追捧。四方股份与汇川技术重仓基金名称及持股数量详见表 5-35 和表 5-36。

表 5-34　四方股份与汇川技术流通股及重仓基金持股数量

单位：万股

证券简称	流通股合计	重仓基金持股数量
四方股份	1 057 946 242.00	1.99
汇川技术	116 330 763.00	3615.69

注：报告期节点为 2021 年 9 月 30 日。

表 5-35　四方股份重仓基金

单位：万股

基金代码	基金名称	持股数量	季报持仓变动
005126.OF	银河量化稳进	1.99	1.99

注：报告期节点为 2021 年 9 月 30 日。

表 5-36　汇川技术重仓基金

单位：万股

基金代码	基金名称	持股数量	季报持仓变动
000118.OF	广发聚鑫 A	1028.07	434.37
000595.OF	嘉实泰和	639.84	168.14
005395.OF	泓德臻远回报	562.56	−305.60
001500.OF	泓德远见回报	561.27	−216.16
000696.OF	汇添富环保行业	379.73	144.55
001166.OF	建信环保产业	120.00	30.00
000594.OF	大摩进取优选	106.22	106.22

基金代码	基金名称	持股数量	季报持仓变动
000338.OF	鹏华双债保利	78.27	78.27
000176.OF	嘉实沪深 300 增强	74.89	74.89
001416.OF	嘉实事件驱动	64.84	21.62

注：报告期节点为 2021 年 9 月 30 日。

针对从"科技竞争力 TOP 300"核心上市企业与"沪深 300"成分股中分别遴选出的主营业务相近的四方股份和汇川技术两家公司，进行市值规模对比后，可以得到如下结论。

①汇川技术 2018—2020 年股票总价值均高于四方股份股票总价值。同时，汇川技术市值规模在 2020 年增长速度最快，真实流通规模达到同行业中位数的 45.15 倍。

②尽管汇川技术市值规模与行业中位数差距悬殊，但是其估值水平并未过高，其 2020 年的年度区间平均市盈率为行业中位数的 1.47 倍。相较而言，四方股份的市值规模则处于行业中等位置，估值处于行业较低水平，其市盈率约为行业中位数的 0.62 倍。

③根据 2021 年 9 月 30 日计算出的报告期内的重仓基金持股数量及流通股合计数，可以推断出，汇川技术相较于四方股份更受到基金追捧。

5.3.3　盈利能力分析

2020 年，四方股份和汇川技术的营业收入、营业利润如图 5-30 和图 5-31 所示。以 2020 年截面数据来看，在营业收入方面（图 5-30），四方股份和汇川技术均高于 2020 年行业营业收入中位数 179 656.25 万元。其中，四方股份营业收入约为行业中位数的 2.15 倍，汇川技术营业收入约为行业中位数的 6.41 倍。可以看到，市值规模较大的汇川技术营业收入规模仍大于四方股份。

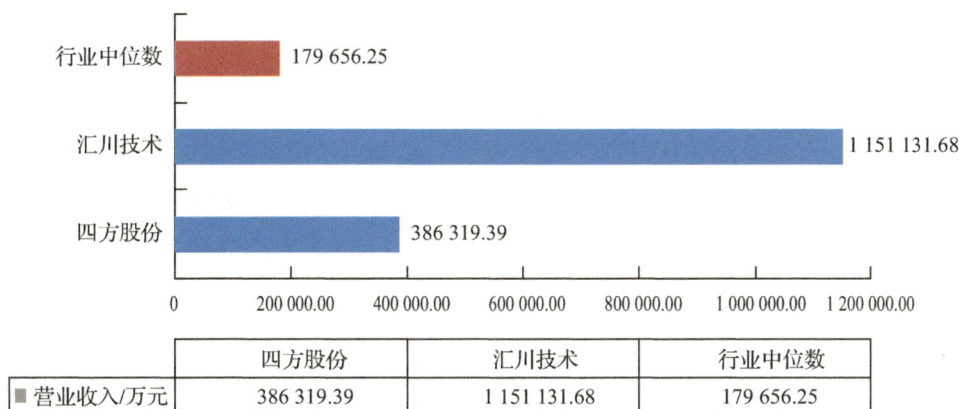

	四方股份	汇川技术	行业中位数
■营业收入/万元	386 319.39	1 151 131.68	179 656.25

图 5-30　2020 年四方股份与汇川技术营业收入

在营业利润方面（图 5-31），2020 年，四方股份和汇川技术也均高于行业中位数 12 507.80 万元。其中，四方股份的营业利润约为行业中位数的 3.1 倍，汇川技术的营业利润约为行业中位数的 18.8 倍。结合营业收入规模来看，相较于四方股份，汇川技术的盈利能力在同行业中表现更为突出。

对于四方股份而言，尽管营业收入和营业利润的规模不及汇川技术，但是近年来，该公司积极聚焦主业及优势行业，如智能电网发、输、配、用各个环节及火电、水电、核电、新能源发电。加之新能源领域需求快速增长，近年来四方股份盈利能力得到了显著提升。四方股份的行业竞争格局稳定，下游主要客户为国家电网及南方电网。

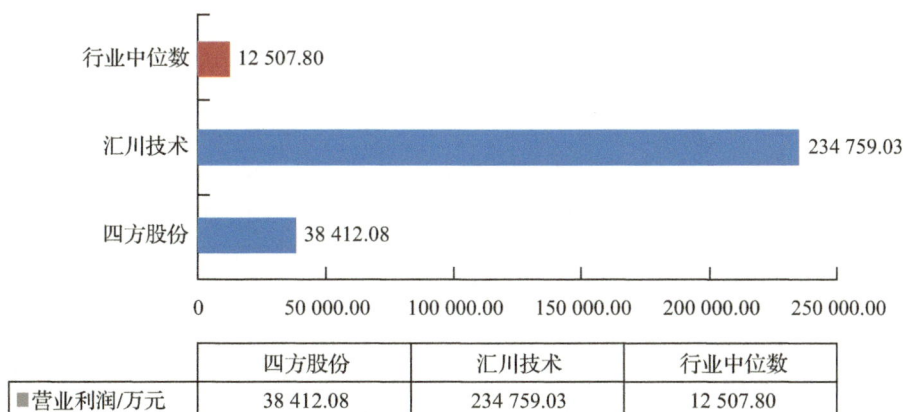

	四方股份	汇川技术	行业中位数
■营业利润/万元	38 412.08	234 759.03	12 507.80

图 5-31　2020 年四方股份与汇川技术营业利润

　　2018—2020 年，四方股份与汇川技术盈利能力分析如图 5-32 所示，具体数据见表 5-37。经过计算，2018—2020 年，汇川技术的营业收入年均增长率为 39.99%，显著高于四方股份 4.63% 的年均增长率；在营业利润增长率上，汇川技术近 3 年的年均增长率为 35.28%，略高于年均增长率为 26.74% 的四方股份。综合以上分析可知，尽管四方股份近 3 年营业收入年均增长率仅有 4.63%，但其营业利润年均增长率却高达 26.74%，说明四方股份主要通过提高利润率来实现增利，而汇川技术主要依靠增收实现更多增利，其近 3 年收入和利润规模呈现几乎同等扩张速度。

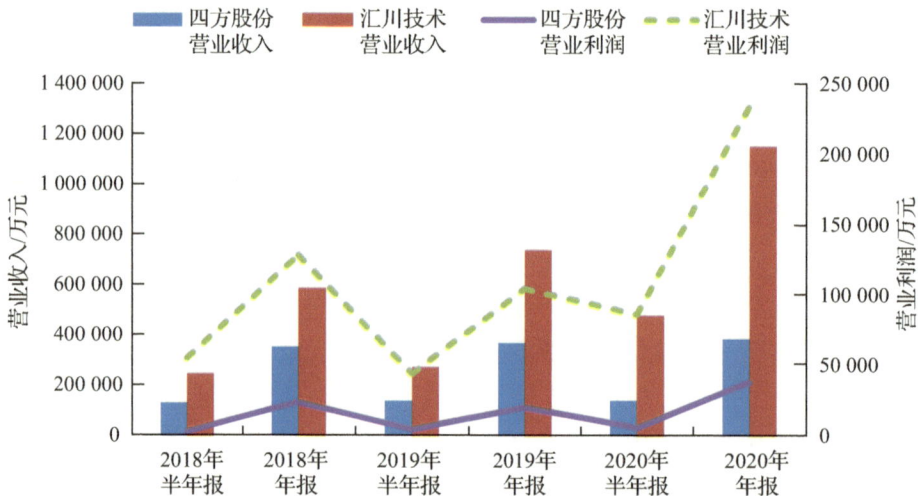

图 5-32　2018—2020 年四方股份与汇川技术盈利能力分析

表 5-37　2018—2020 年四方股份与汇川技术盈利能力分析

单位：万元

证券简称	盈利能力指标	2018 年半年报	2018 年年报	2019 年半年报	2019 年年报	2020 年半年报	2020 年年报
四方股份	营业收入	131 098.41	352 868.86	138 495.07	368 119.80	140 147.93	386 319.39
四方股份	营业利润	3346.89	23 911.93	4771.08	20 351.29	6131.08	38 412.08

证券简称	盈利能力指标	2018年半年报	2018年年报	2019年半年报	2019年年报	2020年半年报	2020年年报
汇川技术	营业收入	247 270.83	587 435.78	271 892.56	739 037.09	478 404.34	1 151 131.68
汇川技术	营业利润	55 287.59	128 270.59	43 970.64	104 732.37	86 402.27	234 759.03

5.3.4　研发投入分析

以 2020 年截面数据来看，在研发支出合计方面（图 5-33），四方股份和汇川技术 2020 年均高于行业中位数 7966.07 万元，其中，四方股份 2020 年的研发支出约为行业中位数的 5.5 倍，汇川技术 2020 年的研发支出约为行业中位数的 12.8 倍。可以看到，2020 年，汇川技术的年度研发投入规模远大于四方股份。

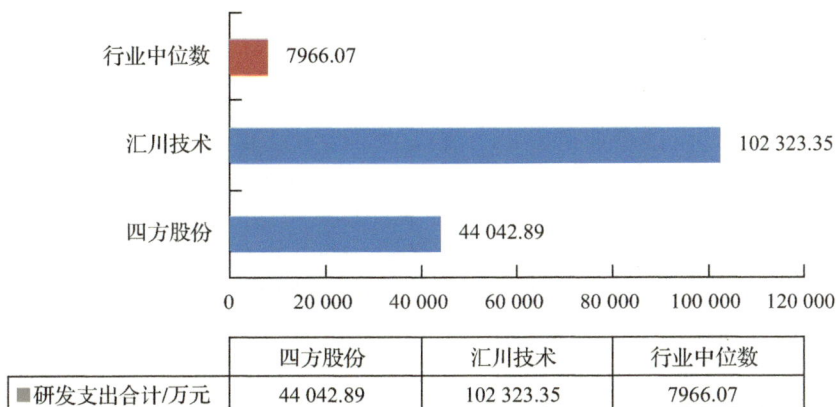

	四方股份	汇川技术	行业中位数
■研发支出合计/万元	44 042.89	102 323.35	7966.07

图 5-33　2020 年四方股份与汇川技术研发支出合计

在研发支出总额占营业收入比例方面（图 5-34），2020 年，四方股份和汇川技术的研发支出总额占营业收入比例均高于 2020 年行业中位数 4.28%，而四方股份更是高研发强度中的佼佼者，其研发支出总额占营业收入比例达到了 11.40%。

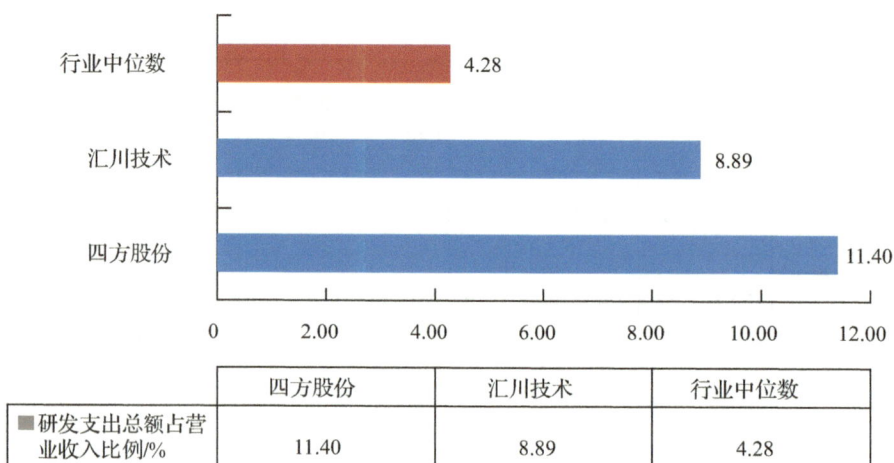

	四方股份	汇川技术	行业中位数
■研发支出总额占营业收入比例/%	11.40	8.89	4.28

图 5-34　2020 年四方股份与汇川技术研发支出总额占营业收入比例

2018—2020 年，四方股份与汇川技术研发投入分析如图 5-35 所示，具体数值见表 5-38 和表 5-39。经计算，在研发支出规模方面，四方股份近 3 年的年均增长率为 0.99%，汇川技术的年均增长率则几乎为四方股份的 10 倍，高达 9.90%；在研发支出强度方面，四方股份近 3 年的年均增长率为 -3.49%，汇川技术近 3 年的年均增长率则仅有 -14.36%。可以看到，2018—2020 年，汇川技术研发支出合计大幅增加，但研发支出总额占营业收入比例却呈现负增长，这可能是由该企业研发投入规模的增幅不及其营业收入的快速增长所致。相比之下，四方股份近 3 年研发投入规模则相对稳定。

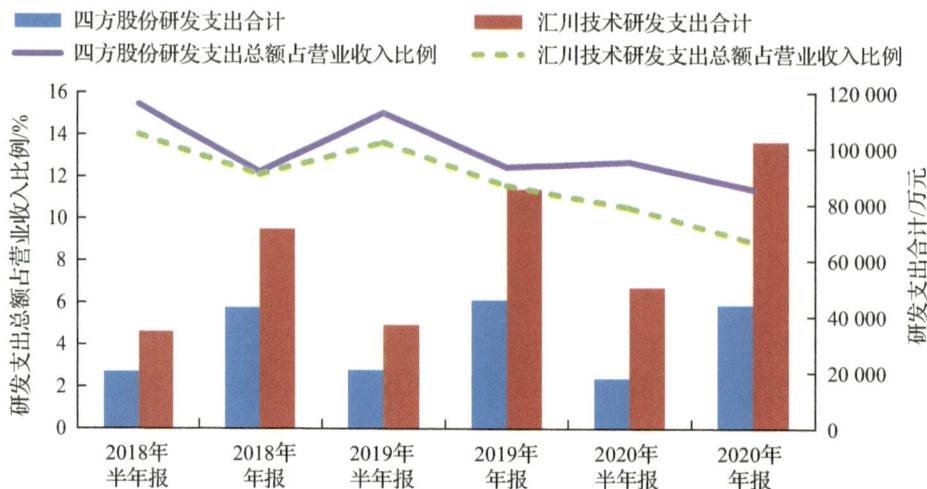

图 5-35　2018—2020 年四方股份与汇川技术研发投入分析

表 5-38　2018—2020 年四方股份与汇川技术研发支出合计

单元：万元

证券简称	2018 年半年报	2018 年年报	2019 年半年报	2019 年年报	2020 年半年报	2020 年年报
四方股份	20 259.24	43 182.56	20 828.08	45 848.17	17 802.36	44 042.89
汇川技术	34 639.11	71 180.58	37 065.53	85 555.89	50 428.99	102 323.35

表 5-39　2018—2020 年四方股份与汇川技术研发支出总额占营业收入比例

证券简称	2018 年半年报	2018 年年报	2019 年半年报	2019 年年报	2020 年半年报	2020 年年报
四方股份	15.45%	12.24%	15.04%	12.45%	12.70%	11.40%
汇川技术	14.01%	12.12%	13.63%	11.58%	10.54%	8.89%

5.3.5　成长性分析

以 2020 年截面数据来看，四方股份与汇川技术归属母公司股东的净利润（同比增长率）如图 5-36 所示。从图中可以看出，四方股份和汇川技术 2020 年归属母公司股东的净利润（同比增长率）均高于 2020 年行业中位数 14.42%，且分别约为行业中位数的 5.8 倍和 8.4 倍。因此，单就 2020 年截面数据来看，四方股份和汇川技术成长性均高于行业中位数，且汇川技术的成长性更好。汇川技术作为国内关键工业自动化组件（即变频器和伺服系统）的供应龙头，受益于高端制造业（如半导体、可再生能源等）的国产替代化趋势，其市场占有率仍然有望继续扩大。同时，该企业还积极投资于可编程逻辑控制器（PLC）的研发，以深化其在高端工业自动化市场的发展，从长远来看，这也有可能成为其未来业绩的重要增长点。对于四方股份而言，未来的业绩增量很大程度来源于新能源业务快速发展，该企业的新能源业务主要是为新能源发电企业提供并网友好、自主可控的场站一体化解决方案，以及风光储集中调控运维系统，且在储能领域已具备百余项项目的技术积累。在双碳目标政策推动下，预计"十四五"期间国内新能源新增装机量为 95/135/175/222/271GW，新能源电站运维系统需求有望维持高景气，叠加储能建设有望持续推进。

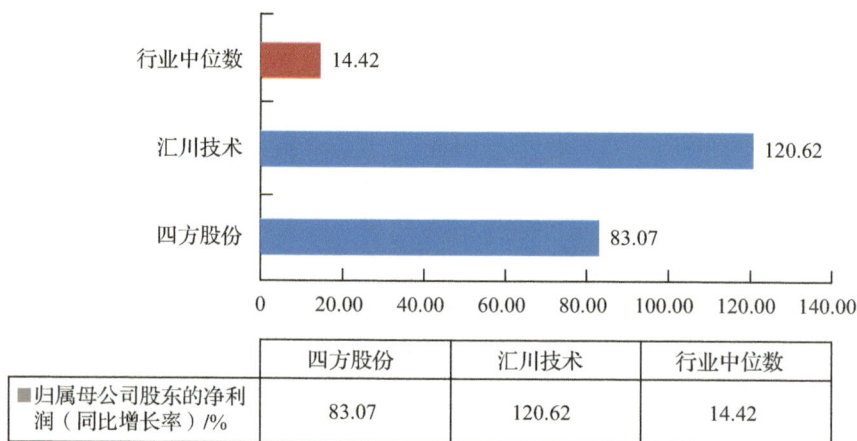

	四方股份	汇川技术	行业中位数
■归属母公司股东的净利润（同比增长率）/%	83.07	120.62	14.42

图 5-36   2020 年四方股份与汇川技术归属母公司股东的净利润（同比增长率）

2018—2020 年，四方股份与汇川技术归属母公司股东的净利润（同比增长率）如图 5-37 所示，具体数值见表 5-40。从 2018—2020 年增长趋势来看，自 2019 年年末，四方股份和汇川技术归属母公司股东的净利润（同比增长率）均呈现快速提升趋势，且以汇川技术表现更为突出。中信建投证券认为，汇川技术在治理结构和业务发展路径的选择这两个方面做得比较出色[5]。

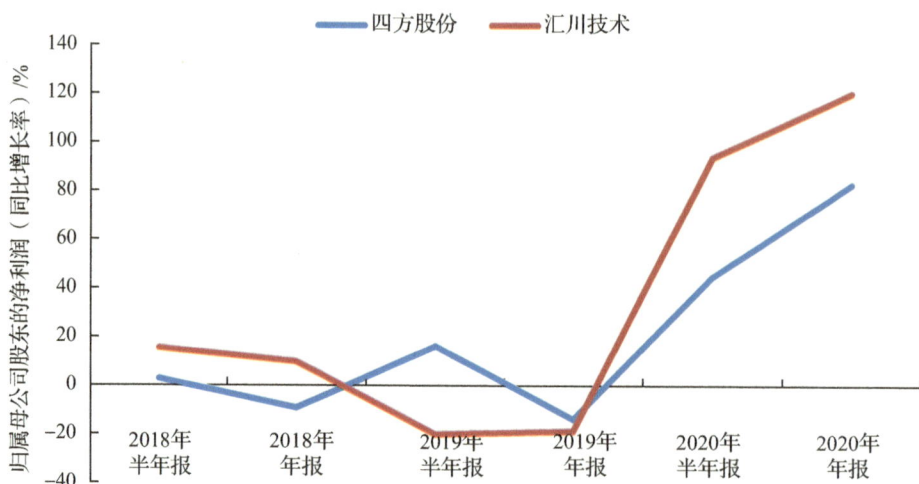

图 5-37   2018—2020 年四方股份与汇川技术归属母公司股东的净利润（同比增长率）

表 5-40　2018—2020 年四方股份与汇川技术归属母公司股东的净利润（同比增长率）

证券简称	2018 年半年报	2018 年年报	2019 年半年报	2019 年年报	2020 年半年报	2020 年年报
四方股份	3.15	−8.83	16.50	−13.42	45.15	83.07
汇川技术	15.72	10.08	−19.67	−18.42	94.33	120.62

5.3.6　竞争性分析

2020 年，四方股份与汇川技术的技术竞争强度如表 5-41 所示。可以看到，上述两家企业的技术竞争强度均高于行业中位数，且以四方股份更为突出，其技术竞争强度高达 0.8178。这表明，作为"科技竞争力 TOP 300"和"沪深 300"的代表性企业，四方股份和汇川技术在技术创新方面均处于行业中相对优势的竞争地位。对于四方股份而言，其传统业务升级与新能源业务为公司带来了持续的业绩增长。在新能源业务方面，该公司在新能源发电的送出及运营管理领域正在逐步形成新的业务单元，如配套升压站的软件与硬件产品改造及新能源电站的调度、控制等运营管理改造。2020 年，四方股份的新能源发电相关业务同比增长 70%，新签合同同比增长 50%，新能源业务未来可能成为该公司的支柱业务之一。而汇川技术作为电动汽车电机控制器和动力总成解决方案的领先供应商，通过深耕自动化领域积累了丰富的经验，由于小鹏和理想等主要下游车企客户的销售额增长，预计该公司新能源汽车业务的强劲增长势头将在近几年得到延续。

表 5-41　2020 年四方股份与汇川技术的技术竞争强度

证券简称	技术竞争强度
四方股份	0.8178
汇川技术	0.6746
行业中位数	0.5154

5.3.7　创新力分析

2020 年，四方股份与汇川技术的核心发明专利数量如表 5-42 所示。汇川技术的 2020 年新增专利数量略高于四方股份。而从专利累积数量来看，四方股份仍以 715 件的累计专利数量高于汇川技术，且二者均远高于行业中位数。四方股份的核心技术优势主要集中在特高压继电保护，且处于大规模批量生产阶段，是国家新基建的基础。同时，四方股份围绕一二次融合、综合能源利用、配电网数字化转型，携静止同步补偿器（GSC）、储能解决方案、柔性直流配电网技术、一二次融合开关、5G 配网差动保护终端、新一代自动成图系统等产品及综合解决方案进行重点研发并形成创新成果。成立于 2003 年的汇川技术，则始终聚焦工业领域的自动化、数字化、智能化，专注"信息层、控制层、驱动层、执行层、传感层"领域的研发与生产，其核心技术就是对电机轴的控制，包括变频器、编码器、伺服控制、矢量控制等技术，经过 19 年的发展，已成为中国领先的工业自动化产品供应商和新能源汽车电控产品供应商。

表 5-42   2020 年四方股份与汇川技术核心发明专利数量

单位：件

证券简称	累计	新增
四方股份	715	42
汇川技术	477	60
行业中位数	84	14

5.3.8　市场表现分析

2018—2020 年，四方股份与汇川技术市场表现分析如图 5-38 及表 5-43 所示。在年化收益率方面，四方股份和汇川技术均高于行业中位数，且以汇川技术的股票年化收益率表现尤其突出，2020 年年化收益率达到 210.42%。结合两家上市企业的成长性指标，即归属母公司股东的净利润年均增长率进行分析，汇川技术的成长性指标表现好于四方股份，且汇川技术在市场表现中的股票收益率也高于四方股份。

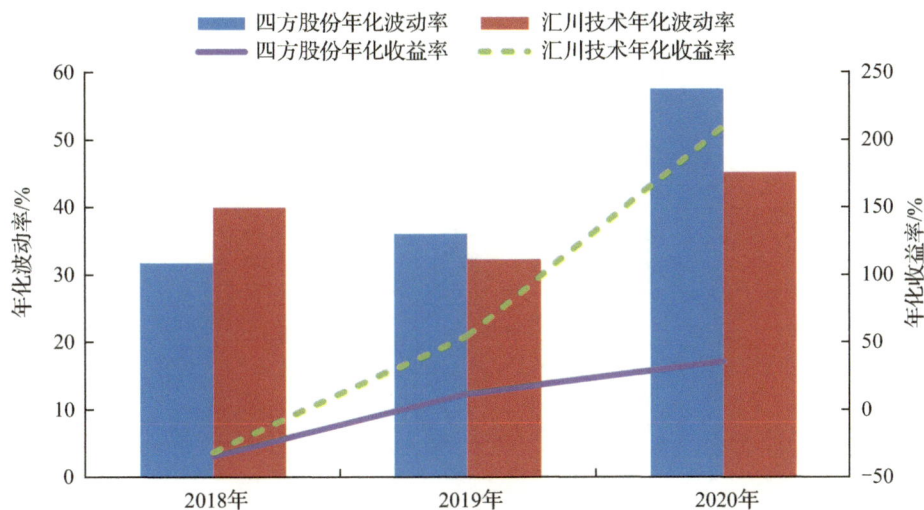

图 5-38　2018—2020 年四方股份与汇川技术市场表现分析

表 5-43　2018—2020 年四方股份与汇川技术市场表现分析

证券简称	市场指标	2018 年	2019 年	2020 年
四方股份	年化波动率 /%	31.75	36.05	57.54
四方股份	年化收益率 /%	−33.94	12.43	36.14
汇川技术	年化波动率 /%	39.92	32.25	45.23
汇川技术	年化收益率 /%	−30.69	54.97	210.42

5.3.9　雷达图综合比较

如图 5-39 所示，根据雷达图的五维对比结果，四方股份和汇川技术分别具备如下突出特征，具体数值见表 5-44。

四方股份：高竞争性、高盈利能力、高成长性。

汇川技术：市场表现良好、高盈利能力、高竞争性、高成长性。

针对"科技竞争力 TOP 300"核心上市企业遴选出的四方股份与"沪深300"成分股汇川技术进行比较后，发现四方股份在竞争性上更具优势。具体而言，四方股份持续发力柔性直流配电网、环保气体智能开关、5G 差动保护等核心技术，持续攻坚"高比例新能源、高比例电力电子器件"等复杂情况带来的电网安全稳定和控制问题，以实际行动支持国家"双碳"目标，为构建适应高比例可再生能源发展的安全、可靠、绿色、高效、智能的新型电力系统提供解决方案和产品服务。

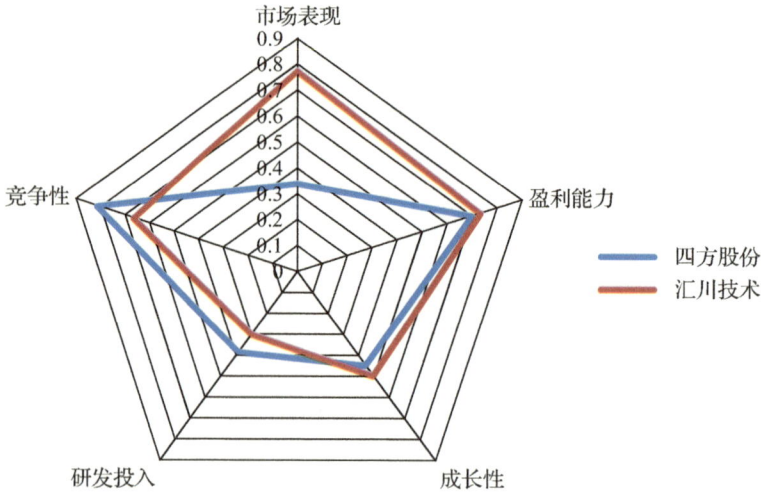

图 5-39   2020 年四方股份与汇川技术五维雷达图对比

表 5-44   2020 年四方股份与汇川技术五维数据对比

分析维度	四方股份	汇川技术
市场表现	0.3400	0.7752
盈利能力	0.7003	0.7352
成长性	0.4456	0.4958
研发投入	0.3829	0.2986
竞争性	0.8125	0.6652

总的来说，四方股份和汇川技术两家上市企业的盈利能力在行业乃至全部 A 股都比较强。汇川技术在 2020 年度成长能力、市值规模和市场表现都实现了跨越式增长；可以说，四方股份除了在市值规模上弱于汇川技术，其盈利能力、研发投入、成长性及市场表现的近 3 年增长趋势几乎与汇川技术一致。总的来说，上述两个同属于电气机械和器材制造业的上市企业科技竞争力的优异表现，主要得益于工业自动化需求高涨、高端制造业政策利好、新能源业务快速发展等行业利好因素。

第6章 结 论

　　本报告采用中国科学技术信息研究所研发的"科技竞争力 TOP 300"成分股遴选方法，遴选出我国 A 股上市企业中科技竞争力水平最高的 300 家企业，从宏观和微观两个层面，以市值规模、盈利能力、研发投入、成长性、竞争性、创新力、市场表现等为切入点，对我国 A 股市场代表性科技企业进行多维度分析，得出以下结论。

　　（1）科技指征表现好的上市企业，与市值大、流动性好的上市企业在行业分布和区域分布上差异较明显

　　①科技指征表现好的上市企业，主要是科技含量高，研发投入强，更重视无形资产的上市企业。这类企业更多集中于计算机、专用设备、软件及各类设备制造业企业。而"沪深 300"更多关注市值大、流动性好的股票，这其中包含较多金融及房地产行业的股票，且行业分布较为分散。因此，本报告遴选出的 300 家科技型上市企业行业分布更加聚焦、有针对性。

　　②从科技型上市企业分布的省份来看，广东省排名全国第一。河南省近年来重视科技企业孵化，一跃成为中西部地区创新创业高地，其中洛阳市在科技方面取得丰硕成果，近年来获得多项国家科学技术进步奖。天津市和辽宁省在科技发展方面，相对自身而言，具有突出优势。在"科技竞争力 TOP 300"中，天津市和辽宁省的上市企业上榜数量排名明显优于它们在"沪深 300"中的排名，这从一个侧面说明了这两个省的科技发展潜力和水平。从城市来看，在本报告遴选出的"科技竞争力 TOP 300"56 家核心上市企业中，共 29 家分布在 11 个省会及直辖市，说明经济发达区域仍是科技型企业发展的富集区域。

　　（2）在宏观层面，通过将"科技竞争力 TOP 300"上市企业与"沪深 300"上市企业进行对比分析，发现以下问题

　　①在市场表现方面，市值大的个股，资金供给比较充足，买进股票的资

金力量强，股票市值上升较快。而科技指征表现好的企业，近 3 年年化波动率和年化收益率都更高，从一个侧面说明科技指标表现好的上市企业的市场热度较高。

②在盈利能力方面，受企业规模影响，"科技竞争力 TOP 300"上市企业营业收入不及"沪深 300"上市企业，且"沪深 300"上市企业由于行业分类中排名第一的金融类上市企业的营业成本相对更低，造成"科技竞争力 TOP 300"整体利润与"沪深 300"的差距进一步加剧。

③在成长性方面，"沪深 300"上市企业在 2019—2020 年度报告中，归属母公司股东的净利润（同比增长率）呈现放缓趋势，而"科技竞争力 TOP 300"上市企业 2020 年呈现大幅增长趋势。原因在于，传统上更多依靠制造业的龙头上市企业，受疫情影响要远大于科技类特征强的上市企业。

④在研发投入方面，"沪深 300"上市企业近 3 年研发投入增长趋势相较于"科技竞争力 TOP 300"更为稳健；在研发强度方面，"科技竞争力 TOP 300"企业的营业收入总量虽远不及规模较大的上市企业，但相比"沪深 300"上市企业更加重视自身的研发投入强度。

（3）在微观层面，通过将"科技竞争力 TOP 300"核心上市企业与同行业平均水平进行对比分析，发现以下问题

①在市值规模方面，"科技竞争力 TOP 300"重点行业的平均总市值在 45 亿至 65 亿元浮动，平均自由流通市值则均维持在 15 亿至 30 亿元，且均以计算机、通信和其他电子设备制造业最高。从重点行业上市企业的市值规模来看，"科技竞争力 TOP 300"核心上市企业普遍呈现出市值规模较大，显著高于行业平均水平的特征。诸如海康威视、京东方 A、中兴通讯、用友网络、国电南瑞、科大讯飞、北方华创、先导智能、大族激光、亿纬锂能等"科技竞争力 TOP 300"核心上市企业的市值规模均在同行业内具有明显优势。

②在盈利能力方面，"科技竞争力 TOP 300"重点行业表现参差不齐，主要表现在营业收入和净资产收益率间的巨大差异。其中，平均营业收入仅为 10.37 亿元的专用设备制造业，其行业平均净资产收益率高达 10.07%，相比之下，平均营业收入高达 17.97 亿元的电气机械和器材制造业，其行业平均净资产收益率也仅为 9.18%。从各企业的盈利能力来看，"科技竞争力 TOP 300"核心上市企业大多具有相对较高的营业利润和营业收入，但在投资收益水平上往往表现平平。

③在研发投入方面，在"科技竞争力 TOP 300"重点行业中，软件和信

息技术服务业表现尤为强势，其2020年企业平均研发投入强度高达11.69%，平均研发投入规模约为1.02亿元。从各企业的研发投入水平上看，"科技竞争力TOP 300"核心上市企业对研发活动十分重视，主要表现在研发投入规模较大、研发投入强度普遍在5%以上。

④在成长性方面，各"科技竞争力TOP 300"重点行业的平均归属母公司股东的净利润（同比增长率）均在10%以上，这表明上述企业所处行业中大多数企业均处于快速成长期，这也反映出我国科技产业蓬勃的发展态势。其中，以专用设备制造业表现最为突出，其平均归属母公司股东的净利润（同比增长率）高达23.20%。从各企业的成长性来看，"科技竞争力TOP 300"核心上市企业则呈现出差异化特征，主要表现在：对于市值规模和营收水平都处于行业领先地位的龙头企业，其成长性指标并不突出，相比之下，在市值规模和营收水平方面处于行业内相对较高地位的中型企业，则通常具有更大的成长空间。

⑤在竞争性方面，"科技竞争力TOP 300"核心上市企业通常具有较高的技术竞争强度，尤其以国电南瑞、京东方A、深天马A、中兴通讯、东软集团、大族激光、四方股份等最为突出，上述企业均为同行业内技术竞争强度最高的前10家企业之一，这也反映出，"科技竞争力TOP 300"核心上市企业普遍在行业竞争中处于相对核心的地位。

⑥在创新力方面，不同行业由于业务性质和技术成果形式的差异，其平均核心发明专利数量存在较大差异，如以软件开发和信息技术服务为主营业务的软件和信息技术服务业，其行业平均核心发明专利数量明显低于其他行业。从各企业的核心发明专利数量来看，相较于同行业其他上市企业，"科技竞争力TOP 300"核心上市企业的核心发明专利数量在行业内均具有显著优势，诸如京东方A、中兴通讯、国电南瑞、东软集团、大族激光等核心上市企业，都以远超同行业其他上市企业核心发明专利数量的绝对优势，稳居行业前三。可以看到，"科技竞争力TOP 300"核心上市企业十分注重新技术研发和技术成果保护，因而积累了较强的技术竞争优势。

⑦在市场表现方面，"科技竞争力TOP 300"重点行业的股价年化波动率中位数普遍在50%以上，股票年化收益率则参差不齐，且以电气机械和器材制造业最高，约为17.55%。从各企业的股价年化波动率来看，相对于同行业其他企业而言，大多数"科技竞争力TOP 300"核心上市企业的股价年化波动率相对较低，且普遍低于行业平均水平。从股票年化收益率来看，市值规

模较大、营业收入较高且研发投入规模较大的企业往往更易获得相对较高的股票收益水平。由此可以看到，面对经济下行压力和金融市场波动风险，"科技竞争力 TOP 300"核心上市企业往往具备较强的抗风险能力，整体表现更加稳健。

（4）在分行业的企业微观层面，通过将"科技竞争力 TOP 300"核心上市企业与对应的"沪深 300"同行业主营业务相近的上市企业进行多维对比，分析发现以下内容

①尽管企业在具体指标上表现各异，但通过指标综合比较可以发现，兴森科技、东软集团和四方股份这几家"科技竞争力 TOP 300"核心上市企业普遍呈现出高竞争性、高盈利能力、高成长性的共同特征。

②根据近 3 年盈利能力增长趋势来看，多数高盈利能力上市企业营业利润增幅大于营业收入增幅。说明它们都存在一个共性特征，即这些高盈利能力的上市企业要么产品的毛利率更高，商品议价能力更强；要么成本管控更加严格，实现了营业利润的增幅大于营业收入增幅的效果。

③在盈利能力方面，由于受到疫情、市场行情、政策变化、会计准则变更等各种因素的影响，各上市企业的盈利能力在 2020 年度发生较大改变。在进行具体分析时，即使同样的原因，产生的差异也会比较大。如同样受疫情影响，有的行业订单和合同签订额创新高，如汽车软件系统；有的行业需求缩减、订单减少，如通信行业的 5G 建设。因此，每个个体企业的发展存在复杂性。在判断企业未来表现时，不仅要分析当前的盈利能力，更要结合多因素具体情况具体分析。

④在进行成长性指标对比分析时发现，微观来看，企业未来成长性受多种因素综合影响。其中，主要影响因素包括：未来市场需求、行业变化、未来行业发展走势、政策变化、公司发展规划、公司是否提前布局创新项目、公司当前盈利是否强劲等。

⑤当上市企业的成长能力和盈利能力表现较强时，往往市场表现中的收益率也更高。反之，当反映成长能力、盈利能力的指标出现负值时，市场表现中的收益率亦为负。因此，仅从微观分析的 6 家上市企业样本来看，市场表现的影响因素较为复杂，但股票收益率更大程度上与反映企业成长性的指标呈现正向关联。

参考文献

[1] 张明妍.德国科技发展轨迹及创新战略[J].今日科苑,2017(12):1-14.

[2] 中华人民共和国科学技术部.国家级科技企业孵化器评价结果出炉 河南省优秀等级占比 25%[EB/OL].(2021-01-13)[2021-09-26].http://www.most.gov.cn/dfkj/hn/zxdt/202101/t20210113_172438.html.

[3] 中华人民共和国科学技术部.四川省产业技术创新取得新进展[EB/OL].(2021-02-28)[2021-09-26].http://www.most.gov.cn/dfkj/sc/zxdt/202102/t20210207_172780.html.

[4] 洛阳市科学技术局.洛阳市 3 项科技成果荣获 2020 年度国家科学技术进步奖[EB/OL].(2021-11-05)[2021-12-03].http://kjt.henan.gov.cn/2021/11-05/2342200.html.

[5] 中信建投证券股份有限公司.汇川技术(300124):汇川技术的复盘与展望——工控与工业机器人系列深度[EB/OL].(2021-09-30)[2021-11-05].http://stock.finance.sina.com.cn/stock/go.php/vReport_Show/kind/lastest/rptid/686318370668/index.phtml.